Marina & John Bear
How to Repair Food

Liebe Schwester,
Viel Spaß beim "Retten"
von Gerichten !

Dein Bruder

Dezember 96

Zu diesem Buch

Ein Reparaturhandbuch für Speisen? Alle Kochbücher dieser
Welt haben eines gemeinsam: Sie sagen, was man kochen kann
und wie man's macht. Was aber tun angesichts der unzähligen
Mißgeschicke oder gar Katastrophen, die sich beim Kochen er-
eignen? Tausend kleine und große Probleme stürzen auf einen
ein, besonders dann, wenn Gäste kommen. Der welke Salat ist
noch das simpelste Problem. Was tun, wenn die Suppe versalzen ist, die Nudeln zusammenkleben oder gar das gesamte
Menü verpatzt ist? Bitte nicht gleich aufhängen, raten die
Autoren, es findet sich immer ein Weg! Mit wunderbaren
Tricks und Tips leisten sie Erste Hilfe und bauen kommenden
Malaisen vor. Und das Ganze mit so viel Witz und Humor, daß
selbst eingefleischte Restaurantgänger oder Fast-food-Fans es
doch wieder einmal zu Hause riskieren.

Marina und John Bear, 1941 und 1938 geboren, sind Amerika-
ner und halten sich am liebsten in der Küche auf, dem vergnüg-
lichsten Ort der Welt.

Marina & John Bear

How to Repair Food

**Tips und Tricks bei
Pech und Pannen in der Küche**

Aus dem Amerikanischen übersetzt
und bearbeitet von Dinka

Piper München Zürich

Deutsche Erstausgabe
1. Auflage September 1996
2. Auflage Dezember 1996
© 1987 Marina und John Bear
Titel der amerikanischen Originalausgabe:
»How to Repair Food«, Ten Speed Press, Berkeley 1987
© der deutschsprachigen Ausgabe:
1996 R. Piper GmbH & Co. KG, München
Umschlag: Büro Hamburg
Simone Leitenberger, Susanne Schmitt, Andrea Lühr
Umschlagabbildung: Andrea Lühr
Foto Umschlagrückseite: Ed Kirwan Graphic Arts, Berkeley
Gesamtherstellung: Clausen & Bosse, Leck
Printed in Germany   ISBN 3-492-22235-8

Inhalt

Unseren Müttern Mary Dorrow und
Tina Klempner, deren Kochkünste uns
auf die Idee dieses Buches brachten.

»Sollte das Kaffee sein, bringen
Sie mir bitte Tee. Sollte es aber
Tee sein, hätte ich gerne Kaffee.«

Abraham Lincoln

Einleitung

Es gibt Tausende von Kochbüchern auf dieser Welt, und, ehrlich gesagt, sie sind alle gleich. Sie sagen Ihnen, wie man kocht. Dieses Buch ist anders.

Es sagt Ihnen, wie Sie Fehler korrigieren können. Es sagt Ihnen, wie Sie das, was auch immer Sie angestellt haben, wieder gutmachen können. Es sagt Ihnen, was Sie gegen spindige Kuchen, versalzene Suppen, verbrannte Eintöpfe, verkochten Blumenkohl und Hunderte von anderen Dingen, die selbst den besten Köchen passieren, unternehmen können. Mit anderen Worten: Es sagt Ihnen, wie Sie Essen reparieren können.

Wenn Ihr Wagen stehenbleibt, werfen Sie ihn auch nicht weg. Sie suchen sich einen Experten für Autoreparaturen. Wenn Ihre Waschmaschine zusammenbricht, werfen Sie sie auch nicht weg, sondern Sie suchen sich einen Experten für Haushaltsgeräte.

Und trotzdem werfen die meisten Menschen, denen in der Küche etwas schiefgeht, das Essen weg. Das ist nicht nötig. Dieses Buch ist der Kunst und Praxis der Essensreparatur gewidmet.

Lesen Sie die Einführung oder das Vorwort zu Ihrem Lieblingskochbuch. Zehn zu eins, daß Sie einen Absatz finden, der sich ungefähr so liest:

»Wichtiger Hinweis: Jedes Rezept in diesem Buch ist sorgfältig auf Genauigkeit getestet und überprüft worden. Es ist von größter Wichtigkeit, daß Sie sich genau an die Anweisungen halten. Halten Sie sich genau an die angegebenen Mengen der Zutaten und die Kochzeiten. Nur so können wir immer ein perfektes Ergebnis garantieren.«

Schön. Finden wir auch. Klingt logisch.
Aber haben Sie unter diesen Tausenden von Kochbüchern

je ein einziges gesehen, in dem steht, was Sie tun sollen, wenn folgendes passiert:

1. Es läutet an der Tür, und während Sie dem Postboten das Nachporto bezahlen, verkocht der Blumenkohl, wird gelb und matschig.

2. Sie haben Ihre Brille nicht auf und stellen die Herdplatte hoch ein; ihre Bohnen legen am Topf an und verbrennen.

3. Der Käse, den Sie in den Auflauf geben wollten, ist verschimmelt.

4. Das Telefon klingelt, während Sie die Sauce zubereiten, und bis Sie zurückkommen, ist sie klumpig geworden. (Die Sauce, nicht die Dame am Telefon.)

5. Der einzige Laib Brot im Haus ist schon etwas überaltert, die Kinder müssen zur Schule und Sie die Pausenbrote für die lieben Kleinen schmieren.

6. Ihr Eintopf köchelt vor sich hin, Sie probieren ihn und stellen fest, daß er wie beim Militär schmeckt und nicht wie Boeuf Bourguignon.

7. Sie salzen Ihre Gemüsesuppe und haben vergessen, daß Sie es schon getan haben – klar, jetzt ist sie versalzen.

8. Sie haben für Punkt sieben zum Abendessen eingeladen und stellen um halb sieben fest, daß Sie vergessen haben, die Kartoffeln aufzusetzen.

9. Da war dieses fantastische Sonderangebot im Supermarkt, Sie haben zugeschlagen, und jetzt liegen fünf Köpfe Salat in der Küche und welken vor sich hin.

10. Ihr Ehegespons bringt unerwartet Ihren oder seinen Boß zum Abendessen mit – das Huhn wird keinesfalls für alle reichen.

Und so weiter. Und so weiter. Und so weiter.
Kurzum: All die schönen Kochbücher sagen Ihnen schlicht und einfach nicht, wie Sie Fehler korrigieren können. Keines sagt Ihnen, wie Sie den Schaden, den Sie, der Supermarkt, Mutter Natur oder die Kuh verursacht haben, beheben können.
Deshalb gibt es dieses Buch.
Es sagt Ihnen, was Sie tun können, wenn Sie entdecken, daß irgend etwas verkocht, halbroh, abgestanden, verdorben, verbrannt, klumpig, salzig, fade, überwürzt, zu scharf, zu kalt, schimmlig, gefroren, matschig, zu trocken, zu naß, schal, zäh, zu dick, zu dünn, verwelkt, zu fett, zusammengefallen, explodiert, verschrumpelt, geronnen, geplatzt, schuppig, übelriechend, talgig, dreckig, sehnig, zweigig, mehlig, verstopft oder zusammengeklebt ist.
Dieses Buch zeigt, wie man Essen repariert.

Bei den Vorbereitungen zu diesem Buch haben wir mehr als 2000 verschiedene Kochbücher überprüft, nur um zu sehen, ob sie etwas, wenn überhaupt, über das Reparieren von Speisen erwähnen. Nicht ein einziges gab zu, daß dafür überhaupt ein Bedarf besteht. Sie gehen einfach davon aus, daß alles immer perfekt ist. Übrigens, diese Bücher lassen sich in fünf Grundkategorien einteilen:
Erstens sind da die professionellen Kochbücher. Sie haben professionelle Titel wie: »Kulinarische Grundtechniken« oder »Frau Müllers Kochakademie«. Sie sagen Ihnen, wie das mit dem Kochen geht. Und natürlich, wenn Sie sich an ihre Anweisungen halten, daß nie etwas schiefgeht.
Zweitens gibt es da die speziellen Kochbücher. »Das Preiselbeerkochbuch«, »Das Petersilienwurzkochbuch«, »Kochen wie im Tibetanischen Hochland«, »1001 verlockende Rezepte für Okrareste«. Das einzige, was Sie in diesen Büchern finden, ist, wie man Preiselbeeren kocht. Oder Peter-

silienwurz. Oder Yaks. Oder was auch immer. Da steht nie, wie Sie etwas reparieren können.

Drittens sind da noch die teuren Kochbücher mit grandiosen Fotos, allein zum Verschenken gemacht. Bis jetzt wurde niemand entdeckt, der sich so etwas selber gekauft hat, Bücher wie »Die Lieblingsrezepte des Postministers« oder »Die Cuisine belgique«. Diese Bücher helfen Ihnen nicht, wenn etwas schiefgegangen ist – es sei denn, der Anblick glänzender Farbfotografien mit Platten voll prächtigen Essens tröstet sie.

Viertens gibt es da noch die Anekdotenkochbücher, meist Reisebücher, Witzbücher oder Biographien mit ein paar locker eingestreuten Rezepten. »Durchs tiefste Venezuela mit Gaskocher und Zahnstocher«, »Zieh's raus, zieh's vom Ofen (es kocht über)«, die warmherzige, geistreiche Geschichte Zizi La Fleurs, Königin des Tingeltangels und der Töpfe. Abgesehen von den Anekdoten, finden Sie in diesen Büchern Anleitungen zum Kochen. Aber kein Wort darüber, was Sie tun können, wenn das, was Sie kochen, einiger Hilfsmaßnahmen bedarf.

Und schließlich ist da der unendliche Strom ländlicher Kochbücher, bei denen es endlich jemandem gelungen ist, Tante Frieda oder Frau Siebzehnrübl vom Hermannshof zu überreden, all ihre berühmten Rezepte für die Nachwelt aufzuzeichnen, komplett mit Fettflecken und Brandlöchern im Papier. Also haben wir »Tante Friedas Geheimkochbuch« und »Wir essen deftig auf dem Hermannshof«. Wie es scheint, hat Tante Frieda nie Fehler gemacht. Wenn ja, verrät sie's nicht.

Der Hauptteil unseres andersartigen Kochbuchs besteht aus einer alphabetischen Auflistung der Lebensmittel, und jedes Lebensmittel ist durch eine weitere Auflistung aller Dinge, die schiefgehen könnten, unterteilt.

Natürlich sind die Unterkategorien nicht immer gleich: Keine zwei Lebensmittel haben identisches Pannenpotential. Einige Probleme, die Ihnen begegnen, sind vielleicht überhaupt nicht aufgeführt. Dafür gibt es zwei gute Gründe:

1. Nicht für jedes Problem gibt es eine Lösung – manches ist auch vielleicht noch nie aufgetreten. Wer weiß, vielleicht sind Sie der erste Mensch in der Geschichte der Menschheit, der unter zähem Blumenkohl zu leiden hat.

2. Wir kennen nicht jede Lösung. Wir haben sehr viele Recherchen gemacht, sowohl in Bibliotheken als auch in unserer eigenen Küche, aber es gibt sicher einige Dinge, die wir übersehen haben.

Unsere Hoffnung ist: Wenn sich immer mehr Leute für unser Konzept eines Reparaturhandbuchs interessieren, dann könnten zukünftige Ausgaben dieses Buches sowohl von neuen Problemen berichten als auch neue raffinierte Lösungen aufzeichnen.

Bitte schicken Sie Ihre Probleme, Fragen, Vorschläge, Lösungen – alles außer der Küchenspüle (und die auch, falls etwas faul damit ist). Schreiben Sie an den Verlag.

Wenn Sie in diesem Buch *keine* Antwort auf Ihr spezielles Problem finden, dann hilft vielleicht improvisieren, bluffen oder sich anderweitig durchmogeln. Wir möchten Ihnen auch für diesen Fall der Fälle hilfreich zur Seite stehen und haben deshalb zwei kleine Kapitel vorangestellt. Hier finden Sie ein bißchen allgemeine Philosophie und dazu eine Liste von Grundzutaten für ein »Erste-Hilfe-Set«, das auf die verschiedenste Art genutzt werden kann und eine Vielfalt von Problemen zu lösen hilft.

Außerdem gibt es im Anhang einige Korrekturtechniken, die nicht nur bei bestimmten Speisen, sondern für viele Fälle anzuwenden sind. Zum Beispiel Verbrennungen größerer Schadensordnung; dieselbe Methode kann bei verbranntem Blumenkohl, verbranntem Eintopf oder verbranntem Pudding angewandt werden. Ebenso gilt dies für gefrorene Nahrungsmittel, die aufgetaut sind, bevor Sie das wollten. Wenn Sie also einen Rat für eine der beiden Situationen brauchen, sehen Sie im Anhang »Tips und Tricks für sonstige Probleme in der Küche« nach. Es befaßt sich außerdem mit Situationen von verbrannten Töpfen bis hin zu verstopften Fleischwölfen und auch mit den praktischen Utensilien, die sie am Ende Ihrer Arme herumtragen: Er gibt Tips, was

13

gegen verbrannte, fettige, streng riechende und fleckige
Hände zu tun ist.

Noch eins.
Im Leben jedes Kochs und jeder Köchin gibt es die totale
Niederlage – den Küchen-GAU.
Manchmal zweimal die Woche.
Der Küchen-GAU ist eine andere Art von Situation wie diejenigen, mit denen wir uns sonst befassen, also haben wir
ihm einen Abschnitt gewidmet, bevor die Tips und Tricks
von A–Z beginnen.
Wir hoffen, daß Sie nie Veranlassung haben, dieses Buch zu
benützen – genauso wie wir hoffen, daß Sie nie einen Arzt
oder einen Automechaniker brauchen. Aber wir hoffen
auch, daß Sie in allen drei Fällen froh sind, daß es sie gibt.

Das Erste-Hilfe-Set

Wie improvisiere, bluffe oder mogle ich mich sonstwie durch? Wir wollen Ihre Moral stärken, Ihnen Hilfe zur Selbsthilfe bieten. Wenn das Hauptgericht grau aus dem Backrohr kommt, das Dessert nicht geliert, ein seltsamer Geruch durchs Haus zieht und Sie feststellen, daß er aus der Küche kommt – dann brauchen Sie Rückenstärkung. Unsere Botschaft lautet: Kopf hoch! Wenn scheinbar alles schiefgeht – oder tatsächlich schon schiefgegangen ist –, ist es immer noch möglich, den Sieg (und Ihr Essen) aus den Klauen der Niederlage (und der Mülltonne) zu befreien. Sie brauchen nur Mut, ein bißchen Kreativität (Ihre oder unsere) und einen guten Satz Erste-Hilfe-Zutaten für die Reparatur.

Ihre Küche sollte immer einen Satz Notvorräte enthalten, mit Hilfe derer Sie eine Vielzahl von Küchenkatastrophen bewältigen können. Und falls einmal *alles* schiefgeht, bieten wir Ihnen ein vollkommen zufriedenstellendes, wir wagen es zu sagen: »Gourmet-Essen« für vier Personen, ausschließlich aus Zutaten ihres Notfallkoffers. (Unseren Menüvorschlag finden Sie im Anhang.) Hier nun, was Sie *immer* im Haus haben sollten:

1 Packung getrocknete Zwiebeln Keiner rechnet damit, daß ihm je die Zwiebeln ausgehen. Welch ein Irrtum! Jedem passiert es mindestens 4,7mal pro Jahr. Getrocknete Zwiebeln sind ideal zum Strecken von Suppen und Eintöpfen (2 Eßlöffel pro Tasse Flüssigkeit zufügen). Sie geben fast jedem faden Gemüse Pfiff, ergeben eine interessante Kruste für einen Auflauf, wenn man sie mit zerstoßenen Kartoffelchips oder Cornflakes mischt, oder lassen sogar fade Sandwiches unerwartet lecker schmecken. (Wie wär's mit getrockneten Zwiebeln, geröstet oder nicht, mit Käse oder Erdnußbutter oder Thunfisch?)

1 Packung geriebener Parmesan Das ideale Mittel für schnelle Krusten; er kaschiert eine Vielzahl von Sünden bei Aufläufen und schmeckt gut auf den meisten gekochten Gemüsen, auch auf Fisch oder Fleisch. Nicht vergessen, eine kräftige Portion über die Salate streuen, denen Würze fehlt.

1 Packung Instant Vanillepudding Der Retter für Desserts. Sie können mickrige Kuchen oder -füllungen damit strecken: Boden mit Pudding bedecken, Obst oben darauf. Wenn Sie zu wenig Obst oder Kuchen haben, nehmen Sie ihn als Sauce dazu. Wie wir hören, kann man übrigens sogar Vanillepudding draus machen.

1 Packung Fertighollandaise Keiner würde je darauf kommen, daß Sie einen Fehler vertuschen, wenn Sie etwas servieren, das in Hollandaise schwimmt. Bei vielen Gemüsen, fadem Fisch oder Eiern einfach so verwenden, wie sie ist. Eine Prise Estragon dazu, und schon haben Sie Sauce Béarnaise für Fleisch, Fisch oder Gemüse. Geben Sie Tomatenmark (2 Eßlöffel pro Packung) dazu, und Sie haben Choron-Sauce, die Sie über Eier oder einen Hackbraten gießen können. Wärmen Sie die Hollandaise auf, geben Sie 1 Eßlöffel Orangenschale und 2 Eßlöffel Orangensaft pro Packung hinzu, und Sie haben Malteser-Sauce, die auch den fadesten Fisch oder das geschmackloseste Gemüse zu etwas Exotischem macht.

1 Packung échamel Zum Überbacken dubioser Gemüse, Andicken von Eintöpfen, Kaschieren von Paniersünden und so weiter.

2 Dosen Tomaten, geschält

1 Glas Fleischzartmacher Die tollen Sonderangebote, billiges und schlechtes Fleisch, brauchen ihn manchmal doch. Und er funktioniert auch bei Geflügel und Leber. Bei dem Zeug brauchen Sie keine Skrupel zu haben – es wird aus

natürlichen Fruchtenzymen (aus Papayas nämlich) herge-
stellt. Ihre Eingeweide wird er nicht aufweichen.

1 Flasche Zitronensaft   Zitronensaft belebt ältere Gemüse
und zweifelhafte Fische. Benützen Sie ihn auch, wenn sich
etwas verfärbt, was nicht soll: Fruchtscheiben, Avocados,
Champignons. Wenn Sie keinen Zitronengeschmack am
Endprodukt haben wollen, spülen Sie, was immer es ist, unter sanft laufendem kaltem Wasser, bevor Sie weiterma-
chen. Sie können damit sogar Limonade zaubern, falls un-
erwartete Gäste kommen.

1 Packung Kartoffelbreiflocken   Und nicht nur, damit Sie
immer Kartoffelpüree machen können. Es ist vielmehr ein
schnelles und nahrhaftes Dickungsmittel für Suppen und
Eintöpfe. Einfach so lange Handvoll für Handvoll zugeben,
bis Sie die gewünschte Konsistenz erreicht haben. Sie sind
auch ein tolles Streckmittel für die meisten Gemüsesorten,
von denen nicht genug da ist. Schneiden Sie das Gemüse
(z. B. Karotten, Bohnen) nach dem Kochen und Absieben
klein. Mit derselben Menge Kartoffelbrei mischen, Parmesan drüberstreuen und 2 bis 3 Minuten unter den Grill,
bis die unterste Schicht braun ist.

1 große Dose Birnen- oder Pfirsichhälften   Was immer Sie
lieber mögen. Hilft, wann immer Ihnen etwas Obst fehlt:
zum Strecken eines Salats, der nicht reicht, oder für das Notfallmenü im Anhang. (Unser Vorschlag: Kaufen Sie die
zuckerfreie Version.)

2 kleine Dosen oder Pakete tiefgefrorene Krabben   Als
Zutat für Horsd'œvres, als Grundlage für einen ersten
Gang, Dekoration für einen Salat oder als eine der Hauptzu-
taten für das Notfallmenü. Immer tröstlich, so etwas im
Haus zu haben.

**1 Dose Sojasprossen oder 1 Paket tiefgefrorenes Chinage-
müse**   17

1 Flasche Thai-Chilisauce für Huhn Sie kriegen sie in jedem Asienladen. Sie ist süß-scharf und kann Suppen, Salate, Eierspeisen und viele andere Dinge retten. Mit Essiggurkenwasser und ein bißchen Öl gemischt entsteht daraus eine wunderbare, exotische Salatsauce. Ein paar Eßlöffel in die Tomatensuppe aus dem Notfallmenü, und Sie können sich den Gang zum Thai-Restaurant sparen. Zu tiefgefrorenen Frühlingsrollen sind sie eine tolle Abwechslung statt der ewigen Sojasauce.

1 Päckchen Fertigcroutons Machen mehr aus jeder Suppe und jedem Salat.

Getrocknete Steinpilze Damit können Sie jede Bratensauce aufmotzen, auch Kartoffelsuppen, Brühen usw. (Einweichen nicht vergessen, und das Einweichwasser bitte weggießen, könnte giftig sein.)

Getrocknete chinesische Morcheln Sind billig, erstaunlich ausgiebig und passen zu vielen Sachen. Einweichen nach Vorschrift, dann mit ein bißchen Zwiebeln in die Pfanne, mit Sojasauce, Zitronensaft und ein bißchen Thaisauce würzen und weichschmoren. Damit können Sie Gemüse strekken, Salate exotisch, Reis interessanter machen und so weiter.

1 Packung Gelatine ohne Geschmack Um Kühles anzudicken. In kaltem Wasser aufweichen und dann in einer Tasse warmer Flüssigkeit auflösen. Dann dem Aspik, dem Pudding, der Tortenfüllung oder was auch immer beifügen. Damit kann man sogar matschige Kroketten retten. Gelatine ist auch ein guter Anfang für viele raffinierte Desserts. Die finden Sie in jedem Kochbuch, oder improvisieren Sie einfach.

1 Flasche guten Sherry Genau wie Hollandaise ist Sherry eine echte Gourmetzutat, die Katastrophen in Du-hättest-dir-nicht-soviel-Arbeit-machen-sollen-Triumphe verwandelt. Er gibt jedem Eintopf, jeder Suppe oder jedem Auflauf einen volleren Geschmack. Fangen Sie mit 2 Eßlöffeln bei einem Topf für 4 bis 6 Personen an und schmecken Sie ab. Sie können ihn über Desserts träufeln, angefangen bei Pudding bis zu Gebäck. Und Sie können ihn immer pur (oder auf Eis) Ihren verhungernden Gästen servieren, während Sie retten, was zu retten ist.

1 Flasche Amaretto oder Orangenlikör   Was immer Sie lieber mögen.

1 Becher haltbare Sahne

1 Becher haltbarer Sauerrahm

1 Liter haltbare Milch   Wie oft ist Ihnen in den letzten 2 Jahren die Milch ausgegangen? Eben! Sie hält zwar nicht ganz so lange wie die meisten anderen Notfallvorräte, aber keine Angst, meist ist sie schon in der ersten Woche dran.

1 Glas Kalbsfond

1 Glas Geflügelfond   Damit können Sie strecken, wenn die Sauce nicht reicht, oder Sie können ein köstliches Süppchen draus basteln.

1 Glas gute gekörnte Brühe

1 Glas Hühnerbrühe

1 Packung chinesische Instantnudeln   Bekommen Sie in Asienläden und gut sortierten Supermärkten. Einfach mit heißem Wasser überbrühen, 2 Minuten stehenlassen, fertig!

1 Fläschchen Trüffelöl   (Olivenöl mit dem Aroma weißer Trüffel; ist nicht so teuer, wie es sich anhört.) Ein paar Tropfen davon verwandeln Carpaccio oder Schinken in eine ab- **19**

solute Köstlichkeit, Kartoffeln in ein 3-Sterne-Gemüse und Ihr Notfallmenü in ein Ereignis.

1 Sortiment von Grundgewürzen Ein Grundgewürz ist eins, das Sie praktisch allem zufügen können und das etwas mit einiger Wahrscheinlichkeit verbessern und/oder interessanter machen wird. Jeder hat so seine eigenen Grundgewürze. Unsere sind die folgenden:

Chilipulver – wenn Sie zu Mexiko tendieren
Currypulver
Dill, getrocknet
Knoblauchsalz oder Knoblauchpulver
Kräuter der Provence
Oregano – wenn Sie zu Italien tendieren
Pfeffer
Piment
Sojasauce
Tabasco
Zimt – verwenden Sie ihn auch zu Fleischgerichten, nicht nur in Süßspeisen

Und Salz sollten Sie vielleicht auch immer vorrätig haben . . . Die Daumenregel für Kräuter und Gewürze ist ¼ Teelöffel auf jedes Pfund und dann abschmecken und eventuell nachwürzen. Das gilt für alle Vorschläge in diesem Buch, außer wir geben Ihnen einen anderen Rat, oder Ihre Geschmacksnerven haben andere Bedürfnisse. Im übrigen sollten Sie auch beim Würzen munter improvisieren und experimentieren. Und wenn Sie einmal per Zufall ein tolles Ergebnis gezaubert haben, vergessen Sie nicht, es sich aufzuschreiben.

1 Satz Speisenfarben Benutzen Sie sie, um den Dingen mehr Farbe zu geben, wenn sie etwas zu blaß geraten sind (ein paar Tropfen Gelb in den Curryreis oder in den Brotteig, ein bißchen Grün auf die blassen, aber ansonsten guten Bohnen), oder sorgen Sie damit für ein bißchen Abwechslung. (Wir haben schon mal rosa Kartoffelbrei serviert und blaue Limonade. Das Echo war aber eher gemischt.)

All diese Dinge haben Sie vielleicht normalerweise vorrätig. Kaufen Sie die anderen, und verstauen Sie sie in der Notfallecke ihres Schranks. Sie sind alle sehr lange haltbar. Manchmal ist es das wahre Glück, wenn einem einfällt, daß man eine Schachtel Trockenzwiebeln gebunkert hat.

Lassen Sie uns noch einmal wiederholen, was man gar nicht oft genug sagen kann: *Improvisieren Sie!* Das ist der Schlüssel zum Erfolg, falls etwas schiefgeht. Sie sollten es so sehen: Was haben Sie schon zu verlieren? Soweit wir informiert sind, gibt es keine zwei Nahrungsmittel, die explodieren, wenn sie aufeinandertreffen. Das Schlimmste, was passieren kann, ist, daß aus einer halben Katastrophe eine ganze wird – vielleicht sogar eine prachtvolle Katastrophe, an die sich Ihre Enkelkinder noch mit Ehrfurcht erinnern werden.

Aber Sie können auch überraschenden Erfolg haben. Wenn die Mexikaner Schokosauce über Geflügel kippen können, wenn ein bekanntes Restaurant in San Francisco Eiscreme mit Gürkchen und heißer Karamelsauce servieren kann, wenn die Uruguayer ein Steak verbessern können, indem sie Erdnußbutter draufschmieren, dann muß es doch etwas geben, was Sie mit der schwabbelnden Masse in ihrer Küche anfangen können, die aussieht wie ein Poster für die Invasion der Killeraufläufe.

Der Küchen-GAU

Wenn Sie die totale, die unkorrigierbare Küchenkatastrophe hatten und alles, was Sie versuchten, die Sache nur noch schlimmer machte, gibt es drei und nur drei Möglichkeiten, die Ihnen bleiben.

Die erste ist: Sie stürzen sich in Ihr Schwert. Das mag für einen kulinarischen Fehltritt ein bißchen extrem erscheinen, aber es gibt da einen guten historischen Präzedenzfall: François Vâtel, Steward des französischen Finanzministers, den viele immer noch als einen der zehn größten Köche aller Zeiten betrachten.

Eines Tages kam Ludwig XIV. zu Besuch. Vâtel bereitete ein großartiges Mahl, aber die Entourage des Königs war größer als erwartet, und das Essen reichte nicht. Einige mußten sich mit hartgekochten Eiern oder ähnlichem begnügen.

Vâtel war am Boden zerstört, aber er schwor sich, am nächsten Tag seinen Ruf wiederherzustellen. Dieser Tag war zufällig ein Freitag. In jenen Tagen war frischer Fisch eine Rarität, und Vâtel bestellte bei allen Fischern der Region. Spät nachts wurde er in die Küche gerufen, um eine Lieferung von einem der Fischer anzunehmen. Ihm war nicht klar, daß dies nur ein kleiner Teil seiner Bestellung war. »Ist das alles?« fragte er ungläubig. »Ja«, wurde ihm versehentlich gesagt.

Einmal Versagen war genug. Zweimal hintereinander war buchstäblich unerträglich. Vâtel ging hinauf in sein Zimmer und stürzte sich in sein Schwert. Kurze Zeit später fand man ihn tot auf, als jemand gerade kam, um ihm zu sagen, daß der Rest der Fische eingetroffen sei.

Also, was immer Sie getan haben, so schlimm kann es gar nicht sein, oder? Also bitte, stürzen Sie sich nicht in Ihr Schwert. Das meiste ist nicht mal einen P[i]eser mit der Spicknadel wert. Versuchen Sie Alternative zwei oder drei.

Die zweite Alternative ist: Zaubern Sie ein Gourmetmahl in 20 Minuten, vom Start bis zum Finish, aus einem einfachen Satz Zutaten, die sie vorrätig haben. Das ist absolut möglich, solange Sie das Erste-Hilfe-Set haben, das wir ein paar Seiten vorher aufgelistet haben. Wenn Sie unseren Vorschlag eines Erste-Hilfe-Sets für die Küche ernst genommen haben, dann blättern Sie jetzt in den Anhang. Dort finden Sie eine ziemlich gute Mahlzeit für 4 Personen, die Sie in 1200 Sekunden aus dem Nichts zaubern können.

Vergessen Sie nicht, alle Notfallzutaten wieder zu ersetzen, wenn Sie sie benutzen. Wir möchten nicht pessimistisch klingen, aber vielleicht hat auch Madame Vâtel Donnerstagabend zu ihrem Mann gesagt: »Schlaf gut, François, wer weiß, was morgen passieren wird.«

Die endgültige Alternative ist, total aufzugeben und jemand anders kochen zu lassen. Mit anderen Worten, Sie suchen sich jemanden, der Sie zum Essen ausführt, oder Sie kramen den Prospekt vom nächsten Pizza-frei-ins-Haus-Laden raus.

Tips
und
Tricks
von

A

bis

Z

Ein kurzes Wort zu den **Maßen:** Wir verwenden immer Tee-löffel, Eßlöffel und Tassen als Maß. Ganz schön ungefähr, werden Sie sagen. Ist es aber nicht, wenn Sie folgendes beachten: Stellen Sie sich Ihr Meßwerkzeug selbst zusammen, indem Sie sich einen bestimmten Teelöffel, einen bestimmten Eßlöffel und eine bestimmte Tasse beiseite legen und immer nur diese benutzen. Dann stimmt das Verhältnis, und Ihnen kann nichts passieren. Auch in Ihrer Küche befinden sich mit Sicherheit Einzelstücke, die Sie zum Meßwerkzeug umwidmen und immer wiedererkennen können.

Für Engstirnige, die es genau wissen wollen: 1 Tasse entspricht 0,285 Liter, 1 Eßlöffel knapp 30 Gramm, 1 Teelöffel 10 Gramm. Gramm wovon? Nun ja, da fängt das Problem an. Zur Erinnerung: Bei unserem Kochbuch geht es ums Improvisieren, Bluffen, Mogeln. Da darf man die Dinge nicht zu eng sehen!

Äpfel, Gekocht

Fade Mit Ingwerpulver, Muskatblüte, Koriander, Zimt bestreuen und/oder einen Nelkenbeutel (ein paar ganze Nelken in einem Mullsäckchen) dem Apfelgericht beifügen und etwas länger kochen. Oder stopfen Sie ein paar Kümmelkörner (mit Zucker vermischt), etwas Fenchel oder etwas geriebene Zitrone – oder Orangenschale – in das Loch eines faden Backapfels und backen Sie ihn 10 Minuten länger.

Nicht genug Wenn Sie die Äpfel mit Fleisch servieren wollen, strecken Sie sie mit geviertelten Zwiebeln, die Sie in einer zugedeckten Kasserole mit 1 Eßlöffel Butter pro mittelgroße Zwiebel weichgedämpft haben (etwa 10 Minuten). Geben Sie eine Handvoll Rosinen zu (nach Belieben), die Sie vorher mit kochendem Wasser überbrüht und dann haben abtropfen lassen.

Wenn die Äpfel für den Nachtisch bestimmt sind, zusammen mit Preiselbeeren oder jeder anderen Sorte Beeren oder entsteinten Kirschen oder Ananas aus der Dose kombinieren, oder frische geschnittene Birnen beifügen, wenn die Äpfel etwa halbgar sind, plus ⅛ Teelöffel Zimt. (Winterbirnen brauchen vielleicht etwas mehr Zucker.) Wenn Sie ganz verzweifelt sind, gehen auch Aprikosen aus der Dose, aber gut abtropfen lassen, und dann geben Sie Ihrem Dessert einen anderen Namen, der Aprikosengeschmack wird nämlich überwiegen.

Äpfel, roh

Fade Tauchen Sie gewürfelte oder geviertelte Äpfel ungeschält oder geschält in Anispulver. Oder bestreuen Sie sie mit Zimtpulver, Muskatnuß und/oder Mohnsamen. Im Obstsalat versuchen Sie es mit zerstoßenem Rosmarin oder Kardamompulver. (Rühren Sie jeweils ¼ Teelöffel in ½ Tasse Honig, und löffeln Sie das über geschnittene Äpfel.) Improvisieren Sie!

Verfärbung Das passiert bei Äpfeln, wenn ihr Fruchtfleisch mit Luft in Berührung kommt. Ein bißchen Zitronensaft auf das Fruchtfleisch träufeln. Wenn es bereits unschön dunkel ist, die dunkle Schicht abschneiden. Kein Zitronensaft? (Wer hat Ihr Notfall-Set geplündert?) Die Äpfel in leicht gesalzenes Wasser legen, bis Sie sie brauchen. Oder, wenn der Geschmack zum Gericht paßt, statt dessen in Ananassaft tauchen.

Mehlig Es gibt keinen Trick, mit dem man einen Apfel unmehlig machen kann. Egal was Sie planten: Machen Sie Apfelmus!

Alkohol

Bei größeren Problemen mit alkoholischen Dingen: Im Telefonbuch steht die Ihnen am nächsten gelegene Gruppe der Anonymen Alkoholiker. Hier ein paar weniger gravierende Probleme.

Brandy oder Likör läßt sich nicht anzünden Wahrscheinlich ist das Zeug nicht heiß genug. Abgießen, falls möglich (falls nicht, keine Sorge), und mit neuem Alkohol anfangen. (Keine Sorge wegen der Menge. Der meiste Alkohol wird verdampfen, ihre Gäste werden nicht gleich torkeln.) Langsam über kleiner Flamme erhitzen. (Wenn er zu heiß wird, kann es passieren, daß er sich im

Topf entzündet. Wenn das passiert, direkt aufs Essen gießen.) Wenn er heiß ist, vorsichtig darübergießen und die *Dämpfe* anzünden, nicht die Flüssigkeit. Möglicherweise war das genau das Problem!

Der Drink schmeckt zu stark nach Alkohol Wir wissen nicht genau, was das heißt, aber manche Leute, von denen nicht alle Mormonen sind, stellen das ab und zu fest. Sie erzählten uns, daß eine dünne Scheibe Gurke im Glas (oder lange, dünne Gurkenstreifen im Bowlenglas) den Alkoholgeschmack dämpft.

Nicht genug Wenn Sie vor einem ziemlich leeren Schnapsschrank stehen und die Gäste im Anmarsch sind, versuchen Sie eine schnelle Bowle aus Fruchtsaft oder was immer sonst Sie mit Kohlensäure im Haus haben, und geben Sie die Restchen aus den Flaschen mit Whisky, Brandy, Rum, Wodka dazu. Peppen Sie sie mit Zucker, Zitrone, Bitters, Rosmarin, Muskatnuß und/oder Kardamomkörnern auf.
Wenn es Ihnen *nach* dem Essen passiert, ist die Sache einfacher. Machen Sie Irish Coffee oder Grogs. Fragen Sie die Leute bloß nicht, was sie wollen. Kommen Sie mit dem fertiggemischten Zeug rein, dann sagen sie nicht so leicht nein.

Die Bowle ist zu fade, es fehlt etwas Wenn man davon ausgeht, daß es nicht am Alkohol fehlt, gibt es drei Gewürze, die einer Bowle den richtigen Kick geben: Kardamom, Muskatnuß und Rosmarin. Lösen Sie 1 Teelöffel Rosmarin, Muskatnuß oder Kardamompulver in ½ Tasse heißem Fruchtsaft auf, lassen Sie sie auf Zimmertemperatur abkühlen (oder im Schnellverfahren, durch Zugeben von kaltem Saft), und mischen Sie alles unter die Bowle.

Ananas

Schmecken nach Dose Legen Sie die Ananas ½ Stunde in kaltes Wasser, das nimmt den Blechgeschmack.

Schwer zu schälen Ein ernstes Problem, da Sie sicher nicht eine dieser Maschinen für schlappe drei Milliarden haben, die in den Ananasfabriken dafür genommen werden. Wie wäre es, wenn Sie die Ananas erst in Scheiben schneiden und dann die Schale und den Kern entfernen. Viel einfacher.

Unreif Beschleunigen Sie den Reifeprozeß, indem Sie die Ananas in einer fest verschlossenen braunen Papiertüte an einem warmen (nicht heißen) Ort lagern. Sie ist reif, wenn sich eines der mittleren Blätter leicht herausziehen läßt.

Zu viele Ananas läßt sich nur ein paar Tage im Kühlschrank aufbewahren. Man kann sie in zahllosen Geschmacksvarianten und in den unterschiedlichsten süßen, sauren und salzigen Gerichten verarbeiten, das wissen Sie sicher längst. Ein feines und schnelles Dessert, das Sie vielleicht noch nicht kennen: 500 Gramm Sahnequark mit 1 Eßlöffel Speisestärke, 2 Eigelb, 5 Eßlöffel Zucker und 2 Eßlöffel Zitronensaft verrühren. Das Eiweiß steif schlagen und unter den Quark heben, alles in eine eingefettete Form (oder in einzelne Förmchen), Ananasscheiben (ohne Schale) darauf legen und 20 Minuten im Ofen bei 180 Grad garen. Zuletzt eine Mischung aus 1 Eßlöffel Zimt und 1 Eßlöffel geraspelte Kokosnuß darüber.

Achtung! Frische Quarkspeisen mit Ananas sofort servieren. Die Früchte werden bitter, wenn die Speise länger steht. Ich sage nur: Enzyme!

Anchovis

Nicht genug Geben Sie bei Salaten das Öl aus der Anchovisdose dazu. Dann schmeckt der Salat kräftiger nach Anchovis, aber – Vorsicht! – auch salziger.

Für Horsd'œuvres Zerdrücken Sie die Anchovis mit Frischkäse.

Für Saucen Zum Beispiel zu Spaghetti: Das Öl aus der Dose mitverwenden.

Zu salzig Wässern Sie die Anchovis etwa 10 Minuten in klarem Wasser. Mit Küchenkrepp trockentupfen. Wenn Sie die Anchovis nicht gleich verwenden, bewahren Sie diese mit Olivenöl in einer Haushaltsdose auf. (Kein Olivenöl vorhanden? Dann eben mit irgendeinem anderen Öl.)

Artischocken

Fade Das beste ist eine klitzekleine Menge Fenchelpulver (etwa ⅛ Teelöffel) ins Kochwasser. Wenn die Artischocken schon gar, aber fade sind, müssen Sie der Butter, die Sie zum dippen verwenden, Gewürze beifügen (zum Beispiel 1 Spritzer Tabasco). Oder verwenden Sie Hollandaise statt Butter. Oder fabrizieren Sie Instant Bérnaise aus der Hollandaise, indem Sie eine kräftige Prise Estragon beifügen. Vinaigrette (3 Teile Öl auf 1 Teil Essig) über die heißen oder kalten Artischocken schmeckt auch sehr gut.

Verbrannt Sie haben den einzig gangbaren Weg beschritten, Artischocken anbrennen zu lassen: zu wenig Wasser im Topf! Kann passieren. Schneiden Sie die verbrannten Teile weg, sehen Sie im Anhang nach, wie Sie den angebrannten Topf wieder sauberkriegen, und kochen Sie mit frischem Wasser weiter. Tip fürs nächste Mal: größeren Topf und mehr Wasser nehmen.

Schwer zu trocknen Legen Sie etwas Saugfähiges, zum Beispiel einen Waschlappen oder einen Berg Küchenkrepp in eine Schüssel. Die Artischocken mit der Spitze nach unten hineinlegen. (Bitte den Waschlappen waschen, bevor Sie ihn wieder benützen. Wenn Artischockenbalsam gut für die Haut wäre, wüßten wir das längst aus der Kosmetikreklame im Fernsehen.)

Alt Wenn Ihre Artischocken schon ein Weilchen unterwegs waren, fügen Sie jeder Tasse Kochwasser 1 Prise Zucker und ¼ Teelöffel Salz bei. Der Zucker läßt sie eine Spur süßer schmecken (Überraschung!), und das Salz hilft, daß Farbe und Geschmack erhalten bleiben. Wenn ihre alten Artischocken komisch aussehen, versuchen Sie die äußeren Blätter zu entfernen. Vielleicht sind sie innen noch wunderbar. Ansonsten: Ausblühen lassen. Einfach an einem warmen, trockenen Platz lagern, nach etwa 10 Tagen beginnt eine violette Distel zu blühen. Tolle Dekoration!

Sie fallen auseinander Wenn das beim Kochen passiert, ist nicht mehr viel zu machen. Dann gleich in der Küche auf die Teller drapieren und servieren. Vorbeugen kann man, indem man die Artischocken vor dem Kochen in Mullsäckchen steckt oder sie mit Mull (aus der Hausapotheke) umwickelt. Ohne Mull serviert, sehen Artischocken übrigens hübscher aus.

Artischockenherzen

In der Verpackung festgefroren Kaltes Wasser in die Schachtel laufen lassen, nach ein paar Sekunden sollten sich die Artischocken lösen.

Zu stark mariniert Liebhaber von Artischockenherzen wissen sicher, was das bedeutet, für die übrigen spielt es kaum eine Rolle. Wässern Sie die Herzen 10 Minuten in klarem Wasser, und falls Sie sie nicht gleich verwenden, legen Sie sie in Olivenöl oder, wenn Sie keines haben, in irgendein anderes Speiseöl ein.

Aspik siehe **Gelatine**

Auberginen

Bitter Die Schale ist daran schuld, also irgendwie abschaben (siehe unten).
Der lange Weg ist aber der bessere. Die italienischen Hausfrauen machen es richtig: Die Aubergine ungeschält in Scheiben schneiden, in ein Sieb legen, kräftig salzen und 1 Stunde stehenlassen. Mit klarem Wasser abspülen und mit Küchenkrepp trocknen. Der Erfolg: nie wieder Probleme mit bitteren Auberginen.

Fade Es gibt da eine Fraktion, die behauptet, das beste wäre: in Zement gießen und in den Fluß werfen. Für diejenigen, die gegen diese Maßnahme sind, hier ein paar Gewürze, die das Aroma einer faden Aubergine verbessern: Basilikum, Kerbel, Oregano, Salbei, Thymian. Wollen Sie panieren, Gewürze unter die Panade mischen und vor dem Braten damit bestreuen. Das beste Mittel gegen fade Auberginen ist und bleibt aber: keine holländischen kaufen.

Verfärbt Wenn eine geschnittene Aubergine anfängt, sich zu verfärben, in Salzwasser legen.

Schwer zu schälen Ungeschält in Scheiben schneiden und dann die Haut mit der Schere abschneiden.

Avocados

Verfärben sich Die einfachste Methode gegen Verfärben ist, das Avocadofleisch beim Kern zu lassen. Wie durch einen Zauber verhindert er das Verfärben. Wenn Sie die Avocado halbiert haben, klappen Sie sie wieder um den Kern zusammen. Liegt das Fruchtfleisch bereits in einer Schüssel, legen Sie den Kern dazu. (Vor dem Servieren entfernen, sonst denken Ihre Gäste, Sie kochen ohne Brille.) Eine weniger verblüffende, aber genauso effektive Methode ist, das Fruchtfleisch mit Zitronensaft zu beträufeln und mit einer Schicht Butter, Margarine oder Mayonnaise zu bedecken.

Schwer zu schälen Es gibt keine einfache Methode, eine Avocado zu schälen. Meistens ist das auch gar nicht nötig, obwohl es in den Rezepten behauptet wird. Machen Sie statt dessen folgendes: Schneiden Sie die Frucht der Länge nach durch, und trennen Sie die beiden Hälften. Rammen Sie die Klinge (nicht die Spitze) eines großen Messers in den Kern, drehen Sie ein bißchen, und der Kern wird brav herauskommen. Jetzt können Sie das Fruchtfleisch mit einem Löffel **herauslösen** oder, mal was anderes, mit einem Melonenbällchenmacher für Salate.

Nicht genug In Salaten lassen sich die Avocados gut mit Zitrusvierteln kombinieren. Besonders bei Blattsalaten (keine Sorge, das merkt sowieso niemand). Für einen Dip strecken Sie die Avocado mit Frischkäse, den sie in Milch aufgeweicht haben, bis er die Konsistenz der Avocado hat. Wenn Sie alles gut mischen und würzen, wird es keiner merken. Sollten Sie immer noch Furcht vor Entdeckung haben: Ein paar Tropfen grüne Speisefarbe lösen das Problem.

Zu hart Wenn Ihnen Guacamole zum Hals raushängt und Avocadosalate auch, dann sollten sie die harten Früchte als Zutaten für Aufläufe oder Pfannkuchenfüllungen versuchen – besonders passend zu Huhn, Krabben oder Béchamelsauce.

Zu viele Ganze Avocados sollten Sie im Kühlschrank aufbewahren, sie werden nicht so schnell reif (oder überreif). Zur Bewahrung von Aussehen und zur Verlängerung der Lebensdauer geschnittener Avocados bedecken Sie die Schnittflächen mit Butter, Margarine oder Mayonnaise. Jetzt können diese tagelang im Kühlschrank aufbewahrt werden. Je dicker Sie Fett daraufschmieren, desto länger wird sich das Fruchtfleisch halten.

Zweifelhafte Qualität Drücken Sie mit dem Daumen gegen die Avocado. Läßt sie sich leicht eindrücken, kann sie gegessen werden. Sollte sich der Gemüsehändler beklagen: Sagen Sie ihm, wir hätten behauptet, das wäre in Ordnung. Wenn Sie sie aufgeschnitten haben und sich fragen, ob die verfärbten Teile noch eßbar sind – sie sind es, aber Sie möchten sie wahrscheinlich mit einer dicken, undurchsichtigen Sauce wie Mayonnaise verdecken (oder doch Guacamole machen).

Unreif Die Avocado in einer gut verschlossenen braunen Papiertüte an einem warmen, aber nicht zu heißen Ort lagern. Wenn die Avocado bereits aufgeschnitten ist, und Sie dann feststellen, daß sie nicht reif genug ist, die Schnittflächen mit Butter, Margarine oder Mayonnaise abdecken und genauso verfahren.

B

Backpulver

Zweifelhafte Qualität Schlechtes Backpulver kann alles ruinieren, es muß aber altes nicht unbedingt schlecht sein. Hier ist ein einfacher Test: Geben Sie 1 Teelöffel in 1 Tasse heißes Wasser. Wenn es viele Blasen wirft, ist es gut. Wenn nicht, wegwerfen.

Baiser

Fallen auseinander, bröseln Am besten machen Sie eine Pawlowa, das Nationaldessert Neuseelands. Die Stücke zu einem Ring arrangieren, mit reichlich Schlagsahne zementieren. Den Ring mit Schlagsahne füllen und dann mit frischen Früchten (Kiwi, Beeren oder gut abgetropftes Büchsenobst) drapieren.

Schwer zu schneiden Das Messer in sehr kaltes Wasser tauchen.

Es weint Es bricht uns das Herz, mitansehen zu müssen, wie ein erwachsenes Baiser weint. Dazu neigt es, wenn Sie das Gebäck zu schnell abkühlen. Langsam auskühlen lassen, am besten im Backrohr (ausschalten!) und – weg sind die Tränen.

Baking Soda (Natron)

Ob in Zahncreme oder in amerikanischen Rezepten, es ist in aller Munde. Dabei ist es ein Uralt-Hausmittel. Wir nennen es Natron, und Sie können es in der Apotheke kaufen, aber
auch in Supermärkten. Das aus der Apotheke hat eine

kleine Fibel, in der man zahllose Verwendungsmöglichkeiten findet. Hier ein paar davon:

Gemüse und Salat   Geben Sie dem Waschwasser etwas Natron zu, alles wird sauberer. Grüne Bohnen bleiben grün, wenn Sie dem Kochwasser 1 Messerspitze Natron zugeben.

Kater   Der vom Alkohol, nicht der vom Nachbarn. 1 Teelöffel auf 1 Glas Wasser trinken, hilft auch bei Völlegefühl.

Unangenehme Gerüche im Kühlschrank   1 offenes Päckchen Natron absorbiert sie im Nu.

Bananen

Fade   Die geschnittene Banane zum Beispiel mit Anis, Zimt oder Muskatnuß bestreuen.

Verfärbt   Die Bananenscheiben mit Zitronensaft überziehen. Sind sie schon dunkel, mit der guten Seite nach oben dekorieren: Keiner wird den Unterschied merken. Ein paar erfahrene Hausfrauen behaupten, Bananen würden sich nicht so schnell verfärben, wenn man sie mit einem Silbermesser schneidet.

Nicht genug   Sie werden sie mit irgend etwas strecken müssen. Reife Birnen passen gut dazu und verfälschen den Geschmack nicht. Im Salat versuchen Sie's mit einer Melone als Gesellschafterin für einsame Bananen. Das ist farblich schön und schmeckt auch nicht schlecht.

Überreif, matschig   Nicht wegwerfen! Hier sind 2 sehr einfache und gute Rezepte für überreife Bananen:

»Banana Egg à la Mariah«
1 matschige Banane

1 Tasse kalte Milch
1 Ei
1 Prise Salz
In den Mixer geben. Trinken.

»Susannas gebackene Bananen«
Die Bananen mit Schale halbieren, das offene Fruchtfleisch mit Butter bestreichen. Bei 250 Grad im Ofen
backen, bis die Schale schwarz ist. So servieren und aus
der Schale löffeln.

Zu viele und alle reif Klar, daraus macht man Bananen-
creme. Rezepte finden Sie in Ihrem Lieblingskochbuch.
Und dann sind immer noch welche übrig? Fügen Sie sie in
Ihre Vorratshaltung ein, und zwar so: Pürieren Sie die
Bananen, Zitronensaft dazu (1 Zitrone für 6 Bananen),
alles in Gefrierbeutel oder -box und einfrieren. Nun haben Sie 6 Monate Zeit, nach aufregenden Rezepten für
Bananenbrot, Bananenkuchen, Bananenpudding, Bana-
nensonstwas zu suchen. Vor der Verarbeitung ganz auftauen, sonst wird der Brei braun. (Was dem Geschmack
keinen Abbruch tut!)

Beeren

Fade Mit braunem Zucker, Puderzucker oder einem
leicht süßen Gewürz wie Muskat, Zimt oder Anis bestreuen. Wenn Sie Saft verlieren, beim Aufbewahren 1
oder 2 Kardamomsamen dazugeben.

An die Verpackung gefroren Kaltes Wasser hineinlau-
fen lassen, die Beeren lösen sich sofort.

Voller Blätter und Zweige Manchmal sind die Beeren
mit kleinen Blättern und Zweigen vermischt, besonders
wenn Sie sie selbst gepflückt haben. Die schnellste Methode, diese zu entfernen, ist, die Beeren langsam vor

einem stark eingestellten Ventilator von einer Schüssel in eine zweite schütten. Funktioniert auch mit dem Staubsaugerschlauch, der in die Blasöffnung gesteckt wird. Bitte den Luftstrahl in die richtige Richtung dirigieren. Ansonsten konsultieren Sie ein gutes Erste-Hilfe-Buch, da steht sicher, was gegen Ästchen im Ohr zu tun ist.

Überreif Fruchtsauce machen. Die Beeren, so gut es geht, säubern, die schimmmligen unbedingt entfernen. Mit Zucker nach Belieben zerdrücken. Fangen Sie mit 1 Eßlöffel pro Tasse Beeren an, und servieren Sie das Mus mit Kuchen oder Sahne oder Eiscreme oder mit allen dreien.

Sauer Mit Zucker verrühren und mindestens 1 Stunde bei Zimmertemperatur stehen lassen. Etwa 1 Eßlöffel pro Tasse Beeren.

Zu viele frische Beeren Säubern und auf einem Blech auslegen. In der Tiefkühltruhe anfrieren lassen, bis sie fest sind, dann in einen Gefrierbeutel abfüllen. Eine weitere Alternative wäre, Gelee oder Marmelade zu kochen. Rezepte finden Sie in jedem guten Kochbuch. Es ist bei weitem nicht so aufwendig, wie die meisten Leute glauben.

Feucht Keiner mag feuchte Beeren. Ein großes Tablett oder Backblech mit Küchenkrepp auslegen. Die Beeren ausbreiten. Mit noch mehr Küchenkrepp behutsam trockentupfen.

Birnen

Reifen zu schnell In den Kühlschrank damit. Je kälter sie gelagert werden, desto langsamer werden sie reifen.

Reifen zu langsam 1 oder 2 Tage in einer geschlossenen Papiertüte aufbewahren, das beschleunigt den Reifungsprozeß.

Blaukraut

Blaß Um zu verhindern, daß das Kraut blaß wird, ein paar Spritzer Essig in den Kochtopf.

Versalzen Mehr Äpfel nehmen oder rohe Kartoffeln hineinreiben.

Blumenkohl

Fade 2 Gewürze, die faden Blumenkohl interessanter machen: Muskatblüte (1 Prise darüberstreuen) und Mohnsamen (1 bis 2 Teelöffel pro Blumenkohl darüberstreuen).

Verfärbt Wenn der Blumenkohl nicht so weiß ist, wie Sie ihn gerne hätten, einen Spritzer Essig hinzufügen, sobald das Wasser kocht. Er wird weißer.

In der Schachtel festgefroren Etwas kaltes Wasser aus der Leitung in die Schachtel laufen lassen, das befreit den Blumenkohl aus seinem Schachtelgefängnis.

Nicht genug Gekochter Blumenkohl läßt sich nicht gut mit anderen Gemüsen mischen. (Muß an der komischen Form liegen, die Röschen sind eben empfindlich.) Aber Sie können jedes andere gekochte Gemüse in eine gefettete Backform geben, erst eine Schicht Käse (irgendeinen, der gerade da ist), dann eine Schicht Blumenkohl, Hollandaise darüber und fertig ist die Superbeilage.

Alt Auf jede Tasse Kochwasser 1 Prise Zucker und 1 Prise Salz geben. So bleibt der Kohl süß und bewahrt Geschmack und Farbe.

Verkocht Sie werden es nicht glauben, aber das ist ein Gottesgeschenk für Leute, die Diät halten müssen. Verkochter Blumenkohl ist ein wunderbarer Ersatz für Bèchamel und ein kalorienarmes Dickungsmittel für Saucen. Kochen Sie ihn weiter, bis er völlig weich ist und man ihn mit einem Löffel zerdrücken kann. Dann absolut glatt pürieren (mit Mixer oder Zauberstab). Butter, Margarine oder Milch hinzufügen, bis das Ganze die Konsistenz von Kartoffelbrei hat. Lagern Sie die Pampe im Kühlschrank, um daraus mit Truthahn- oder Fleischbratensaft herrliche Saucen zuzubereiten, die man ohne schlechtes Gewissen (kein Mehl!) genießen kann. Schmeckt auch sehr gut zu echtem Kartoffelbrei. Ebenso können Sie aus verkochtem Blumenkohl eine köstliche Cremesuppe zubereiten. Mehlschwitze ansetzen, mit Saft und Sahne aufgießen. Abgetropften Blumenkohl drunterrühren. Etwas Brühwürfel, Muskatnuß, Salz und Pfeffer – voilà, ein echtes Gourmetsüppchen ist geboren. Es gibt noch viele weitere Rezepte. Zum Beispiel:

»Frau Müllers Neid«
Verkochter Blumenkohl
Butter
Crème fraîche
Muskatnuß
Blumenkohl gut abtropfen lassen und mit den Zutaten pürieren. Muskatnuß darüber reiben, und fertig ist ein wunderbares Pürée als Beilage.

»Mock Puff«
Verkochter Blumenkohl
Zwiebelpulver
Salz
Pfeffer
Parmesan
Den abgetropften Blumenkohl zerstampfen, würzen, in Backform, Parmesan darüber und im Rohr ½ Stunde bei 180 Grad überbacken.

Salzig Wenn der Blumenkohl zu salzig schmeckt, zurück in sauberes, frisch kochendes Wasser, etwa für 1 Minute. Wenn Sie rechtzeitig merken, daß das Kochwasser versalzen ist, sofort wechseln.

Stinkt Viele behaupten, der Gestank bei kochendem Blumenkohl käme nur vom Wasser. Die meisten Geruchsstoffe werden innerhalb der ersten 5 Kochminuten ins Wasser abgegeben. Deshalb lautet die Lösung: das Wasser wechseln, wenn der Blumenkohl 5 Minuten gekocht hat. Wenn es dafür zu spät ist, werfen Sie 1 Stück Brot (vorzugsweise Roggenbrot) in den Topf. Oder mischen Sie 1 Teil Essig mit 3 Teilen Wasser, tauchen Sie ein sauberes Tuch ein, auswringen und über den Topf breiten, während der Blumenkohl kocht. Aufpassen, daß das Tuch nicht an die Kochplatte oder Gasflamme kommt und in Flammen aufgeht.

Zu viel Roher Blumenkohl hält eine Ewigkeit. Aus gekochtem Blumenkohl kann man am nächsten Tag Salat machen oder ihn, mit Klarsichtfolie abgedeckt, 2 oder 3 Tage im Kühlschrank aufbewahren. Verwirklichen Sie dann damit der Welt leckerstes und einfachstes Blumenkohlgericht:

»Honigtraum«
Gekochter Blumenkohl
1 Eßlöffel Honig pro Tasse Blumenkohl
Cheddar Käse, geraspelt
Den Blumenkohl in eine Backform geben, den Honig darüberträufeln und alles mit einer Handvoll Käse bedecken. Im vorgeheizten Ofen bei 200 Grad 10 bis 15 Minuten backen, bis der Käse ganz geschmolzen ist.

Bohnen

Wir werden breite Bohnen und Fadenbohnen gemeinsam behandeln, weil beide dieselben Probleme haben können, mit denen der Bohnenkoch konfrontiert wird.

Fade 1 Prise Zucker im Kochwasser setzt den Geschmack frei. Versuchen Sie es mit Dillsamen, Fenchel oder Rosmarin, auf der Servierplatte oder schon im Topf. Salbei (⅛ Teelöffel im Kochwasser peppt breite Bohnen auf). Sesamkörner, über Fadenbohnen gestreut, schmeckt interessant. Geröstete, gestiftelte Mandeln machen Fadenbohnen zu einer eleganten Delikatesse.

In der Verpackung festgefroren Kaltes Wasser in die Schachtel laufen lassen, nach kurzer Zeit lösen sich die Bohnen.

Sollen unbedingt grün bleiben Blanchieren und dann unter kaltem Leitungswasser mit ein paar Eiswürfeln abschrecken.

Nicht genug Bohnen Lassen sich praktisch mit allen Gemüsen mischen. 1 Stück Butter dazu und 5 Minuten zusammen dämpfen, dann mischen sich die Aromen besser.

Alt Wenn Ihre Bohnen schon 1 Woche oder länger unterwegs sind, dem Kochwasser 1 Prise Zucker und ¼ Teelöffel Salz beifügen.

Zu viele Fäden Schöne Bescherung. Die Bohnen 3 Minuten in kochendes Wasser tauchen. Das Wasser abgießen. Die Fäden lassen sich jetzt ganz leicht entfernen.

Zu viele Breite Bohnen lassen sich wunderbar aufwärmen, besonders wenn man ½ Tasse gehackte Zwiebeln bräunt und diese dann mit ein paar Eßlöffeln Wasser über die Bohnen gibt. Kleingeschnittener Speck ist als Zugabe besonders lecker. Breite Bohnen sind einfach pflegeleicht. Kalte gekochte Fadenbohnen eignen sich hervorragend als Salat. Bevor Sie sie in den Kühlschrank stellen, gießen Sie eine Mischung von 1 Teil Zitronensaft oder Essig und 3 Teilen Öl darüber. Salz und Pfeffer nach Geschmack. Wenn Sie Dill haben, streuen Sie davon etwas in den Salat. Kein Dill? Wie wär es dann mit Dillgürkchen? Feinhacken und zu den Bohnen geben. (Vorsicht beim Salzen, Gürkchen sind immer salzig.)

Bohnensuppe siehe Suppen

Brokkoli

Fade Senfkörner machen Brokkoli interessant – entweder ins Kochwasser oder sparsam über das fertige Produkt streuen.

An der Schachtel angefroren Kaltes Wasser in die Schachtel laufen lassen. Der Brokkoli löst sich sofort.

Nicht genug Mit Hollandaise servieren. Jeder weiß, daß Hollandaise dick macht, also werden die Gäste weniger davon essen. Oder zerstampfen Sie den Brokkoli und mischen ihn mit Erbsen- oder Hühnercremesuppe aus der Dose. Mit Parmesan, Paprika und Croutons bestreuen, und Sie haben entweder einen Suppengang oder eine sehr interessante Beilage.

Verkocht Wenn Sie einen Haufen matschigen Brokkoli haben, versuchen Sie das Rezept für verkochten Spargel aus dem Spargel-Abschnitt. Sie können das Gericht dann »Timbale de Brokkoli« nennen. Oder wie immer Sie wollen. Einige von uns finden, daß Gerichten einen Namen zu geben, dem Kochspaß erst die rechte Würze und das

Gefühl großer Kreativität verleiht. Zurück zum vermatschten Brokkoli und zu einem weiteren Rezept: Holen Sie umgehend die herausgeschnittenen Strünke wieder aus dem Abfall (abwaschen empfiehlt sich). Schälen Sie die gleiche Menge Kartoffeln, beides in einen Topf, mit Wasser bedeckt, 1 Brühwürfel dazu und weichkochen. Dann die ganze Chose pürieren, eine kräftige Portion Crème fraîche dazu, mit Muskatnuß, Salz und Pfeffer abschmecken. Den matschigen Brokkoli auf eine Platte, das Püree darüber. Man wird Ihnen Geld anbieten, damit Sie dieses Rezept preisgeben! Tun Sie's nicht!

Salzig Wenn Sie frühzeitig merken, daß Sie das Kochwasser versalzen haben – sofort aus dem Wasser nehmen, in einem Sieb behutsam mit kaltem Wasser abwaschen und in frischem Wasser erneut kochen. Ist es dafür zu spät, vor dem Servieren mit sehr heißem Wasser abwaschen.

Stinkt Riecht es im ganzen Haus wie bei Brokkolis unterm Sofa, geben Sie 1 Stück Brot oder 1 kleines Stück roten Paprika ins Kochwasser.

Zu viel Gekochter Brokkoli hält bis zu 5 Tagen im Kühlschrank. Spätestens dann sollten Sie folgendes Rezept ausprobieren:

»Brokkoli à la Barbara«
Gekochter Brokkoli
3 Eier
½ Tasse Milch
1 ½ Tassen geriebener Käse
Muskatnuß
Pfeffer
Den Brokkoli in eine Backform geben, die übrigen Zutaten mischen und darübergießen. Bei 180 Grad im Ofen backen. Da es eigentlich mehr ein Brokkoli-Pudding ist, empfiehlt es sich, das Ganze im Wasserbad zuzubereiten.

Brot, Brötchen

Fade   Sobald Brot oder Brötchen gebacken sind, werden Sie nicht von allein schmackhafter. Hilft nur, sie mit lekkeren Sachen zu belegen. Das fängt schon bei der Butter an. Versuchen Sie es einmal mit allerlei Buttervariationen. Verrühren Sie die Butter mit Kräutern oder Gewürzen oder gehackten Zwiebeln oder zerdrücktem Knoblauch. Zum Beispiel: ½ Teelöffel Thymian (oder Majoran oder Basilikum) für ¼ Pfund Butter. Mit ein paar Tropfen Zitronensaft haben Sie Zitronenbutter. Ein Fleisch- oder Fischrest, durch den Fleischwolf gedreht, ergibt mit Butter vermischt einen tollen Aufstrich. Langweiliges Graubrot toasten und mit solchen Buttern bestreichen, ist der erste Schritt, der zweite, die Brote vor dem Servieren in hübsche Streifen und Dreiecke schneiden, dann merkt jeder, daß Sie sich Mühe gegeben haben. Sollten Sie Ihr Brot selber backen und der Teig zu langweilig sein, streuen Sie vor dem Backen Mohn oder Sesamkörner darüber. Oder geben Sie Salbeipulver (1 Eßlöffel pro Laib) in das Mehl. 1 Teelöffel Zimt und 1 Teelöffel Zukker im Teig sind auch eine interessante Variante, besonders, wenn Sie das frischgebackene Brot zu Schweinefleisch oder Schinken servieren.

Verbrannt   Wenn Sie Brot backen oder aufwärmen und es Kohle ansetzt, können Sie die verbrannten Flecken mit einer gewöhnlichen Küchenraspel entfernen. Nicht zu empfehlen bei verbranntem Toast. Wissen Sie warum? (Probieren Sie's, dann wissen Sie's!)

Teig will nicht aufgehen   Meist hilft ein bißchen zusätzliche Wärme. Wenn Sie ein elektrisches Heizkissen besitzen, auf die niedrigste Stufe schalten, Folie darauf und die Teigschüssel daraufstellen. Oder stellen Sie die Schüssel in Ihr Gasbackrohr. Die Zündflamme genügt meist als Wärmequelle. Das geht auch in einem Elektrobackrohr. Die Schüssel in das nicht eingeschaltete Rohr über einen großen, flachen Topf mit kochend heißem Wasser stellen. Eine andere Möglichkeit ist, etwas mehr Hefe in ¼ Tasse warmes Wasser oder warme Milch mischen, 5 Minuten stehenlassen, in den Teig kneten, der jetzt aufgehen sollte. Manchmal funktioniert alles nicht, und Sie müssen sich mit einem kleinen, schwereren Laib abfinden. Schneiden Sie ihn sehr dünn und warten Sie ab, ob das noch als Brot durchgeht. Wenn nicht, machen Sie Brotbrösel oder kleine Croutons daraus, und backen Sie ein neues Brot mit neuer Hefe.

Der Teig läßt sich nur schlecht formen Wenn er sich sträubt und sich trennt, 5 bis 10 Minuten stehenlassen, während das Gluten im Mehl wieder elastisch wird.

Ausgetrocknet Wickeln Sie das Brot oder die Brötchen in ein feuchtes Handtuch und stellen Sie es 24 Stunden in den Kühlschrank. Dann – ohne Handtuch – bei 180 Grad 5 Minuten im Backofen erhitzen. Jetzt sollte es fast wieder seinen Normalzustand erreicht haben.

Schwer zu schneiden Das Messer erhitzen. Wenn Sie weiches Brot sehr dünn schneiden wollen, gibt es eigentlich nur eine Methode: einfrieren, schneiden und dann auftauen.

Schwammig Wenn Sie Sandwiches brauchen und das Brot schwammig ist, machen Sie sie trotzdem, und legen Sie die Sandwiches dann kurz unter den Grill. Wenn Sie nicht gerade Eiscremesandwiches anbieten wollen, sollte das den Zutaten nicht schaden.

Alt Hier sind 2 schnelle Methoden, um altes Brot zu revitalisieren: ½ Teelöffel Wasser auf das Brot gießen, fest in einer braunen Papiertüte verschließen und in einem 180 Grad heißen Ofen 10 bis 15 Minuten aufbacken. Oder: Den ganzen Laib oder alle Brötchen oder was auch immer kurz in kaltes Wasser tauchen, dann bei 180 Grad auf einem Backblech 10 Minuten backen. Aus kleinen Mengen sehr alten Brotes kann man natürlich immer Brotbrösel machen. Sollte ein ganzes Toastbrot hart werden, gibt es dafür ein interessantes italienisches Rezept:

»Mozzarella Costamagna«
circa 20 Scheiben hartes Brot
circa 10 dicke Scheiben Mozzarella.
½ Tasse Milch
½ Tasse Brotbrösel
2 verquirlte Eier
1/2 Teelöffel Salz
1 Tasse Olivenöl oder Butter
Machen Sie 10 Sandwiches aus Brot und Mozzarella. Tauchen Sie die Ränder in eine Mischung aus der Milch und den Brotbröseln. Jetzt das Ganze in die mit Salz verquirlten Eier tauchen. In Olivenöl oder Butter braten und dann servieren.

Kalt Es gibt 2 Möglichkeiten, um kaltes Brot heiß zu machen. Brot und Brötchen mit Krusten tauchen Sie ganz kurz in heißes Wasser und legen sie dann bei 180 Grad in den Ofen, bis sie so heiß sind, wie Sie es wünschen. Weicheres Brot locker in Folie wickeln und bei 230 Grad 5 Minuten backen.

Klebt am Blech fest Wenn das Brot an der Backunterlage festklebt, wickeln Sie die ganze Chose (Brot und Blech) in ein trockenes Handtuch, solange alles noch heiß ist. Auswickeln, und die Überraschung ist perfekt.

Klebt am Nudelholz Wenn der Brotteig am Nudelholz festklebt, und Sie kein Mehl mehr zugeben wollen, legen Sie das Nudelholz in den Gefrierschrank, bis es sehr kalt ist, und rollen Sie dann erst den Teig aus.

Butter und Margarine

Verbrannt Ein kleines bißchen von irgendeinem Öl (außer Motoröl) der Butter beigeben, wenn Sie merken, daß sie zu schnell bräunt. Das verändert den Geschmack nicht, und Öl plus Butter verbrennt nicht so schnell. (Wie wär es, wenn Sie von Anfang an mischen?) Stark verbrannte Butter hat einen unverkennbaren Geschmack. Wenn Sie noch genug Butter haben, warum fangen Sie nicht einfach noch mal von vorne an? Wenn nicht, gießen Sie die Butter durch ein feines Sieb und mischen Sie das Gerettete mit Öl, dann zurück in die Pfanne und hoffen.

Zu hart zum Verrühren Entweder die Butter in Flocken raspeln (mit Reibe oder Kartoffelschäler), in eine gewärmte Schüssel oder, wenn Sie Zucker verwenden, zuerst den Zucker erwärmen, dann die Butter beifügen. Butter läßt sich aber auch in wenigen Sekunden in der Mikrowelle erweichen. 10 Sekunden auf mittlerer Einstellung, danach 5 Minuten auskühlen lassen.

Zu hart zum Streichen Das Problem ist, die Butter weichzukriegen, ohne sie zu schmelzen. Die Lösung ist, über die Butter ein paar Minuten lang eine heiße Schüssel stülpen. Haben Sie – beziehungsweise Ihr Kühlschrank – das Problem häufiger: Es gibt eine Butterdose, deren äußere Terrakottaschale man täglich mit kaltem Wasser tränkt. Die Butter im inneren Behälter bleibt auch außerhalb des Kühlschranks kühl, und sie ist immer streichfähig.

Buttermilch

Haben keine, brauchen welche Bei vielen Rezepten können Sie statt 1 Tasse Buttermilch ¼ Tasse Milch vermengt mit ¾ Tasse Joghurt nehmen.

Champignons

Fade Ein paar Tropfen Worcestersauce oder etwas Majoran bewirken Wunder.

Verschrumpelt Mit den Fingern schälen. Irgendwo unter diesem verschrumpelten Ding lauert ein kleiner, frischer Pilz.

Voller Erde In ein Sieb geben, mit Backpulver bestreuen, gut rütteln, 5 Minuten stehenlassen und dann mit kaltem Wasser abbrausen. Die Erde bleibt am Backpulver kleben.

Zu viele Kleinhacken, sehr langsam auf niedriger Hitze schmoren, bis sie um die Hälfte reduziert sind. Jetzt haben Sie Duxelle, eine Pilzpaste, die gut im Kühlschrank gelagert werden kann. Zum Würzen von Saucen, Suppen, Eintöpfen sehr geeignet.

Zu wenig Mit den Steinpilzen oder den Morcheln aus dem Notvorrat vermehren.

Cracker

Nicht genug Toasten Sie jede beliebige Art von Brot dunkel. Dann schneiden Sie das Brot mit einem Sägemesser quer durch, so daß Sie 2 dünne Scheiben haben. In Viertel schneiden. Das ergibt (beinahe) Instant-Cracker.

Schwammig Legen Sie die schwammigen Cracker auf ein Backblech und backen Sie diese 2 bis 3 Minuten bei 180 Grad.

Crème Fraîche

Haben keine, brauchen welche Für die meisten Zwecke können Sie Sauerrahm verdünnt mit Milch oder Sahne nehmen. Wenn das Rezept verlangt, daß sie gekocht wird, vorsichtig erhitzen, weil sich Sauerrahm trennt, wenn er zu heiß wird, Crème fraîche nicht. In Suppen kann man statt Crème fraîche auch Sahne mit ein paar Spritzern Zitrone verwenden. (Schmeckt super!)

Currypulver

Zu viel Etwas Orangensaft oder Kokosmilch oder Sahne zugeben. Als Beilage gehackte Gurken, in Scheiben geschnittene Bananen, Lychées aus der Dose, Joghurt mit Gurke oder Zwiebeln zu Ihrem Currygericht reichen.

Eier, allgemein

Zu kalt Eier sollten zum Backen Zimmertemperatur haben. Wenn sie aus dem Kühlschrank kommen, 5 Minuten in lauwarmes Wasser legen, dann sind sie warm genug.

Schmutzig Schmutzige Eier sind kein Problem, aber saubere oft. Wenn Sie Eier waschen, entfernen Sie eine Schutzschicht, die das brave Huhn mitgeliefert hat. Gesäuberte Eier werden schneller schlecht und absorbieren Kühlschrankgerüche. Wenn Sie unbedingt saubere Eier haben müssen, wischen Sie diese mit einem trockenen Tuch ab. Daumenregel: Rohe Eier nicht in die Waschmaschine, es sei denn, Ihre hat ein Eierprogramm.

Auf den Boden gefallen Kippen Sie einen Haufen Salz auf die Bescherung. 20 Minuten stehenlassen. Wenn der Hund bis dahin nicht alles aufgeleckt hat, sollte es sich leicht mit Schaufel und Besen entfernen lassen. (Vielleicht hat eines Ihrer Kochbücher ein Rezept für Salz mit Eiergeschmack.)

Eierschale im Ei Wahrscheinlich ist die einfachste Methode, um Eierschalen aus Eiern zu entfernen, die leere Schalenhälfte als Schöpfer zu nehmen.

Nicht genug Beim Backen können Sie im allgemeinen 1 von 3 Eiern durch 1 Eßlöffel Stärkemehl ersetzen. Für die meisten Zwecke kann man auch 2 Dotter für 1 ganzes Ei nehmen. (Haben Sie schon die Nachbarin gefragt?)

Zu lang gekocht Gebratene, pochierte und Rühreier werden leicht zäh. Am besten einfach weiterkochen, bis sie ganz hart sind, dann kann man sie in Salaten, auf Sandwiches und so weiter verwenden. Wenn Ihr Problem zu hart gekochte Frühstückseier sind, und die ganze Meute nach Frühstück schreit, gibt es noch Hoffnung. Machen Sie:

»Gebackene Eier«
Für jeweils 4 Eier:
1 Päckchen Béchamel
¼ Teelöffel Worcestersauce
1 Eßlöffel Sherry
Croutons oder Toaststückchen
Irgendein Käse
Petersilie
Legen Sie die Eier in eine Backform. (Schälen und in Scheiben schneiden, wenn sie hartgekocht sind!) Béchamelsauce mit Worcestersauce und Sherry mischen. Sauce über die Eier gießen. Mit Croutons und irgendeinem geriebenen Käse bestreuen. 10 Minuten bei 160 Grad backen. Vor dem Servieren mit Petersilie bestreuen. Lächeln.
Dieses Rezept eignet sich am besten bei zu hart gekochten und zu lang pochierten Eiern. Es funktioniert aber auch bei zu lang gebratenen Eiern, das schmeckt nicht ganz so raffiniert, deshalb müssen Sie ein bißchen mehr lächeln.

Kleben am Karton fest Karton naßmachen, dann lassen sich die Eier herausnehmen, ohne daß sie zerbrechen.

Kleben am Schneebesen, an Töpfen Das Geheimnis ist: Beim Spülen kaltes, kein heißes Wasser nehmen!

Zweifelhafte Qualität Die Frische von Eiern läßt sich ganz einfach testen, indem man rohe Eier vorsichtig in Wasser legt. Wenn sie schwimmen, haben sie unter der Schale Lufttaschen und sind alt.

Dotter im Eiweiß Wenn Sie Eier trennen, und es sind Dotterkleckse im Weiß, müssen diese entfernt werden, weil sich das Weiß sonst vielleicht nicht schlagen läßt. Jetzt brauchen Sie einen Dottermagneten: Ein mit kaltem Wasser befeuchtetes Tuch in die Dotterkleckse tauchen, sie kleben daran fest.

Eidotter

Reste Wenn sie noch ganz sind, mit Wasser oder Milch bedecken. So halten sie sich 2 bis 3 Tage im Kühlschrank. Ganz oder nicht ganz, über 2 Tage alt, sollten Sie Eidotter besser einfrieren. Mit einer winzigen Prise Salz oder Zucker pro Dotter (je nachdem, was sie später damit vorhaben). Vielleicht einzeln im Eiswürfeltablett einfrieren, dann können Sie sie auch einzeln wieder verwenden.

Eiweiß

Nicht genug Vor dem Schlagen 1 Teelöffel Weinstein für jede Tasse Eiweiß zugeben. Es läßt sich dann schaumiger schlagen und bekommt mehr Volumen.

Zu viel Einfrieren, je 1 Eiweiß in 1 Eiswürfelfach. Wenn sie gefroren sind, aus dem Eiswürfeltablett nehmen und in einem Gefrierbeutel im Gefrierschrank lagern. So halten sie Monate.

Lassen sich nicht schlagen Die Eier sollten mindestens 3 Tage alt sein. Wenn Sie sie im Supermarkt gekauft haben, sind sie mindestens so alt. Außerdem sollten sie Zimmertemperatur haben. Entweder ½ Stunde stehenlassen oder 5 Minuten in lauwarmes Wasser tauchen. Die Quirle müssen sehr sauber und fettfrei sein, selbst ein winziger Tropfen Fett kann das Steifwerden verhindern. Und wenn Sie das alles beachtet haben und sich das Zeug immer noch nicht schlagen läßt, 1 Prise Salz oder Küchennatron schafft Abhilfe. Der Schnee mag etwas lockerer als sonst sein, aber er läßt sich herstellen.

Eier, gekocht

Vor dem Kochen angeknackst Das Ei fest in ein Stück Alufolie wickeln, die Enden zusammendrehen. Dann wie gewohnt kochen. Nach dem Kochen das Ei rasch in kaltes Wasser tauchen. Wenn Sie das nicht machen, wird es weiterkochen!

Während dem Kochen geplatzt 1 Teelöffel Salz ins Wasser geben. Das sollte verhindern, daß das Eiweiß ausläuft. Mit ein paar Spritzern Essig oder Zitronensaft im Wasser erzielen Sie dieselbe Wirkung.

Bröselig, schwer zu schneiden Wenn Sie keinen Eierschneider haben, benutzen Sie entweder einen Faden oder ein heißes, trockenes Messer.

Verfärbt Dunkle Ringe um den Dotter frischgekochter harter Eier kann man durch richtiges Kochen verhindern. Die Eier mit kaltem Wasser etwa 3 Zentimeter bedecken. Schnell zum Kochen bringen. Den Topf vom Herd nehmen, zudecken und 20 Minuten stehenlassen. Sofort in kaltem Wasser abschrecken. Wenn die Dotter bereits dunkle Ränder haben, unter sanft laufendes warmes Wasser halten und behutsam das Dunkle wegreiben.

Schwer zu schälen Die Schale mit einem Löffel abklopfen und/oder in kaltem Wasser rollen.

Schiefe Dotter Jetzt können Sie nichts mehr ändern, aber beim nächsten Mal rollen Sie das Ei circa 1 Meter horizontal immer in dieselbe Richtung. (Und bitte: vorsichtig!)

Zu viele Geschälte hartgekochte Eier können 2 bis 3 Tage im Kühlschrank aufbewahrt werden, aber nur, wenn sie mit Wasser bedeckt sind.

Nicht genügend gekocht Wenn Sie ein weichgekochtes Ei »richtig« öffnen, indem Sie ein kleines Stück am spitzen Ende abschneiden, dann können Sie es nachkochen, indem Sie das Ei in einem Tuch noch einmal in das kochende Wasser tauchen. Das Wasser darf dabei nicht in das Ei eindringen. Funktioniert diese Methode nicht, machen Sie Rührei daraus.

Eier, pochiert

Zu lang gekocht Ein paar Tropfen Essig im Kochwasser halten das Ei beim Pochieren zusammen. Eine berühmte Eierköchin (danke Mary Ann G.!) hat uns beigebracht, daß man mit einem Kochlöffel oder einem Stock einen Strudel im Wasser erzeugen muß, und setzt man dann das rohe Ei in die Mitte des Strudels, hält es zusammen und spaziert nicht im Topf herum.

Eier, gerührt (Rühreier)

Fade Außer den üblichen Zutaten wie Zwiebeln, Pilzen, Tomaten und Spinat versuchen Sie doch mal die folgenden Gewürze, die allesamt zu Rühreiern schmecken: zerdrücktes Basilikum, Kerbel, Nelken, Kreuzkümmel, Curry, Majoran, gerösteter Mohn, Rosmarin, Estragon, Thymian und Turmeric (Gelbwurz) sowie die köstliche Thaisauce. Die Gourmetvariation: Vor dem Servieren wenige Tropfen des kostbaren Trüffelöls darüberträufeln. Vorsicht: Macht süchtig!

Zu lang gebraten Hacken für Salate, Dekorationen, Eiersalat. Oder auf Toast legen, mit Käse bestreuen und kurz unter den Grill, bis der Käse schmilzt.

Zäh Salz läßt Rühreier leicht zäh werden. Deshalb Salz erst nach dem Braten beifügen. (Pfeffer hat diese Wirkung nicht.)

Eier, gespiegelt (Spiegeleier)

Fett spritzt Stärkemehl in die Pfanne streuen. Das soll auch den Eiern einen guten Geschmack geben.

Zu lang gebraten In Streifen geschnitten über Salat oder Reisgerichte.

Eintopf

Fade Kann nicht sein. Wenn doch: Jeden Eintopf kann man mit einem kräftigen Schuß (etwa 4 Eßlöffel) Sherry kurz vor dem Servieren retten. (Wenn Sie glauben, Ihr Eintopf sei nicht mehr zu retten, würden wir den gerne probieren. Schmieren Sie etwas davon auf eine Postkarte, und schicken Sie uns diese zu.)

Angebrannt Sofort den unverbrannten Teil in einen anderen Topf umfüllen, am besten mit einem Holzlöffel. Falls notwendig, noch etwas Wasser zugeben. Schneiden Sie noch ein paar Zwiebeln hinein, die nehmen den verbrannten Geschmack.

Fällt auseinander Passiert eben manchmal. Im Mixer oder mit dem Zauberstab pürieren und als Suppe servieren.

Nicht genug Servieren Sie den Eintopf über Nudeln, oder strecken Sie ihn mit Gemüse. Wenn es Gulasch ist, machen Sie mit 1 Dose Kidneybohnen und Chiligewürz Chili daraus.

Salzig Verträgt er süße Sahne? Ein paar Prisen brauner Zucker helfen auch. Oder eine Dose Tomaten.

Das Fleisch ist zäh Normalerweise passiert das, wenn Sie das Fleisch nicht lange genug gekocht haben. Wieviel Zeit haben Sie? Fischen Sie das Fleisch heraus, schneiden Sie es in möglichst winzige Würfel, und kochen Sie jetzt das Ganze weiter. 1 Teelöffel Zucker beschleunigt den Kochvorgang, genau wie die Säure von Tomaten, falls diese zu Ihrem Eintopf passen.

Fleisch wird beim Anbraten grau Zuviel Feuchtigkeit im Topf erzeugt Dampf, das Fleisch wird grau. Wahrscheinlich haben Sie zuviel Fleisch im Topf. Entweder etwas Fleisch herausnehmen oder einen größeren Topf nehmen.

Eiscreme

Geschmolzen Es ist nicht ratsam, geschmolzene Eiscreme wieder einzufrieren, sie schmeckt dann nur noch scheußlich. Was tun damit? Hier einige Vorschläge: Als Sauce über Früchte gießen. Langweiligen Sandkuchen in Scheiben schneiden, toasten, mit der Eissauce übergießen. Bis zum nächsten Morgen im Kühlschrank aufbewahren und über das Frühstücksmüsli. Dieses Frühstück vergessen Ihre Kinder nicht so schnell.

Vereist Wenn Eiscreme im Gefrierschrank vereist oder kristallisiert, läßt sich das Problem meist lösen, indem man den Behälter fest in Alufolie einwickelt und mindestens eine Nacht lang wieder in den Gefrierschrank stellt.

Eiswürfel

Luftblasen An allen Ecken der Welt flammen Bürger-
kriege auf, und Sie machen sich Sorgen wegen einiger
Luftblasen in Ihren Eiswürfeln! Na schön. Beim nächsten
Mal nehmen Sie abgekochtes Wasser, lassen es auf Zimmertemperatur abkühlen, dann in den Gefrierschrank.

Portionierte Vorratshaltung Lassen Sie Ihrer Fantasie
freien Lauf, was alles Sie in kleinen Portionen eingefroren zur Verfügung haben wollen. Alles läßt sich in die
Eiswürfelbehälter einfüllen und sehr praktisch einsetzen!
Brühe zum Beispiel, wenn Sie nur Zugaben brauchen,
also nicht Brühe literweise.

Erbsen

Fade Jedes der fünf folgenden Gewürze peppt angeblich müde alte Erbsen auf: Basilikum, Majoran, Mohn,
Rosmarin und Salbei. Oder kombinieren Sie die Erbsen
mit in Butter gebräunten, gehackten Zwiebeln. (Das Gericht dürfen Sie »Erbsen Lyonnaise« nennen.)

In der Packung festgefroren Kaltes Wasser in die Zwi-
schenräume laufen lassen, dann sollten die Erbsen her-
auskullern.

Verkocht Pürieren und unter Fertigkartoffelbrei (aus
dem Notvorrat) mischen, etwas Crème fraîche dazu, und
Sie haben ein köstliches Gemüsepürée als Beilage.

Erdnußbutter

Trennt sich Auf den Kopf stellen und so aufbewahren.

Zu dick Weiche Butter, Ahornsirup, heißes Wasser oder Orangensaft zugeben.

Essiggurken

Nicht sauer genug Das Glas in eine Schüssel leeren, reichlich Dill dazu und zurück ins Glas geben. Je länger Gurken im Glas bleiben, um so saurer werden sie.

Weißes Zeug auf der Flüssigkeit 1 Teelöffel Olivenöl vorsichtig auf der Oberfläche verteilen.

Feigen

Fade Versuchen Sie eine Verbesserung mit Zimt oder Rosmarin. ¼ Teelöffel in ¼ Tasse kochendes Wasser, etwas kochen lassen und über die Feigen gießen (Rosmarinwasser vorher durch ein Sieb). Oder ¼ Teelöffel Kardamompulver in ½ Tasse Honig rühren und alles über die Feigen träufeln.

Kleben zusammen Das Feigenpäckchen (ohne Papier) ein paar Minuten bei 150 Grad in den Backofen stecken, dann lassen sie sich ganz leicht auseinandernehmen.

Fett

Riecht streng Wenn Bratfett, das Sie wiederverwenden wollen, arg riecht, braten Sie in diesem Fett Kartoffelscheiben, bis sie kräftig braun sind. Die Kartoffeln nehmen alle unwillkommenen Aromen auf, auch solche von Zwiebeln oder Fisch. Und nebenbei haben Sie Kartoffelchips, die Ihre Kinder noch in der Küche wegfuttern werden.

Spritzt Eine Prise Salz oder Stärkemehl hilft meistens.

Fisch und Meeresfrüchte

Fade Praktisch jedes Kraut und Gewürz paßt zu den verschiedenen Fischgerichten. (Natürlich gibt es Ausnahmen.) Als kleine Entscheidungshilfe hier eine Liste aller infragekommenden Gewürze, gelegentlich mit Kommentaren versehen:

Anis (gut zu Kabeljau)
Basilikum (für gegrillten oder pochierten Fisch)
Bohnenkraut
Curry
Dill
Estragon (Hummer, Thunfisch, Lachs)
Fenchel
Ingwer
Kerbel
Knoblauch
Koriander (gebackener oder gegrillter Fisch)
Lorbeer
Majoran (gegrillter, gebackener Fisch oder Fisch in Sahnesauce)
Muskatblüte (mit Forelle)
Muskatnuß
Oregano
Paprika
Piment (4 bis 5 ganze Körner im Kochwasser)
Rosmarin (Lachs)
Safran (Saucen)
Senf (gebratener oder gebackener Fisch)
Sesam (gebratener, gegrillter, gebackener Fisch)
Zimt (versuchen Sie es in Bouillon)
und so weiter und so weiter.
Toben Sie sich aus.

Riecht streng Beim Braten von Fisch kommt der schlimmste Geruch meist von zu heißem Fett, nicht vom Fisch selbst. Die Hitze reduzieren, und Sie werden sehen (und riechen), wie das hilft. Wenn Sie Fisch pochieren, geben Sie ein paar Sellerieblätter in den Topf. Das mildert den Fischgeruch (aber keine ganze Knolle; wer will schon Fisch, der nach Sellerie riecht?), und Sie riechen selber auch noch ganz gut. Im allgemeinen neutralisiert karamelliger Duft Fischgerüche. Also, entweder geben Sie Karamellen an ihre Gäste aus oder verbrennen Kristallzucker in einer Pfanne. (Bitte in einer Wegwerfpfanne oder in einer normalen, die mit Alufolie ausgelegt ist.)

Schmeckt nach Dose Falls Fisch (Krebsfleisch, Thunfisch, Lachs usw. zu stark nach Dose schmeckt, in frischer Flüssigkeit (Öl oder Wasser, je nachdem worin es schwamm) etwa 1 Stunde ziehen lassen.

Schuppig Wenn ein angeblich geschuppter Fisch noch Schuppen hat und Sie keine Lust verspüren, noch einmal zum Fischhändler zu gehen, um ihn umzutauschen, versuchen Sie folgendes: Den Fisch zuerst in siedendes, dann in kaltes Wasser tauchen, danach die jetzt lockeren Schuppen mit einem Sägemesser abkratzen.

Verkocht »Wenn du einen Fisch verkocht hast, verkoch ihn zu Brei und mach Fischfond«, hat irgendeine kluge Großmutter einmal gesagt. Wunderbare Dinge, die man aus Fischfond zaubern kann, finden Sie in jedem guten Kochbuch, zum Beispiel:

»Sauce Velouté«
1 Tasse Fischfond
2 Eßlöffel Butter
2 Eßlöffel Mehl
Kapern, zerdrückte Anchovis oder Sardinen (nach Belieben)
Die Zutaten vermischen. Sie können die Sauce entweder direkt über einen Fisch auf der Servierplatte gießen oder einen Auflauf kreieren, indem Sie die Sauce über faden gekochten Fisch geben, nach Belieben geschnittene, gekochte Kartoffeln dazugeben und bei 180 Grad 20 Minuten lang backen.

Wenn Sie Zeit haben, formen Sie aus verkochtem Fisch Fischkuchen oder Kroketten. Die bindende Sauce wird für die nötige Feuchtigkeit sorgen.

Zu starker Fischgeschmack   Gekochter Fisch schmeckt manchmal zu streng. Nach dem Garen im Kochwasser liegenlassen, das Aroma verfliegt etwas.

Zu viel   Wenn er schon gekocht ist, machen Sie Kroketten, Fischkuchen oder (wenn das Fleisch fest ist) einen Salat.

Zu trocken   Mit einer Sauce oder einfach mit zerlassener Butter und Mandelstiften servieren.

Geflügel

Blaß Sie reiben die Haut des Geflügels vor dem Braten großzügig mit rotem Paprika ein, das garantiert eine schöne Farbe. Sie können das Gewürz auch in jeder Phase der Garzeit darüberstreuen, sollte das Tierchen weiterhin krank aussehen.

Fade Versuchen Sie den Vogel mit Majoran einzureiben (schmeckt auch interessant im Hühnersalat). Oder Oregano mit Olivenöl mischen und das Geflügel damit einreiben. Ebenfalls schmackhaft sind Rosmarin, Thymian oder Estragon. Scharfer Senf mit Oregano, Paprika oder Sesam in den Teig für das Backhuhn mischen. Drücken Sie 3 Wacholderbeeren in den Hühnersalat. Und so weiter.

Gefrierbrand Sie wissen schon, wenn der Chef kommt, kann das peinlich sein. Trockene Flecken auf gefrorenem Geflügel können Gefrierbrand sein und meist ist dem auch so. Also: Die Kreatur sorgfältig beschnuppern, sollten Sie Zweifel an ihrem Zustand haben, wegwerfen oder in das Geschäft zurückbringen. Riecht der Vogel okay, die Haut unmittelbar vor dem Braten mit Öl einreiben.

Auftauen Die Hersteller empfehlen meist, gefrorene Hühner und Truthähne langsam im Kühlschrank aufzutauen, ein Vorgang, der oft 3 bis 4 Tage dauern kann. Hauptgrund für diese Empfehlung ist, daß durch zu schnelles Auftauen der Vogel seinen Saft verliert und dadurch zäher wird. Das läßt sich aber vermeiden, indem Sie Ihren Vogel in einem luftdichten Behälter, zum Beispiel in einem großen Plastikbeutel, auftauen. Wenn Sie es eilig haben, legen Sie die Tüte in eine Schüssel mit lauwarmem Wasser.

Nicht genug Wenn Sie ein Waffeleisen haben, servieren Sie das Geflügel auf Waffeln. Geben Sie ein paar Kräuter in den Teig, bevor Sie die Flüssigkeit zugießen. Auf diese Weise brauchen Sie um die Hälfte weniger Fleisch. Oder machen Sie pro Person 1 Pfannkuchen. Schneiden Sie das Huhn klein (bitte ohne Haut und Knochen!), mischen Sie das Fleisch mit einem Päckchen Hollandaise, und füllen Sie damit die Pfannkuchen. Die Pfannkuchen in eine gebutterte Auflaufform geben, Butterflöckchen darauf, etwas Sahne (keine im Haus? Sollte doch im Notvorrat sein!) mit Parmesan bestreuen und 10 Minuten bei 180 Grad überbacken. Wahrscheinlich haben Sie gerade eben ein neues Lieblingsgericht erfunden! Weitere Streckvariante: Schneiden Sie das Huhn in Stücke. Mit der haltbaren Sahne, 1 Zehe Knoblauch, etwas Geflügelfond, Rosmarin, etwas Zitronensaft und einem kräftigen Schuß Sherry erhitzen und als Sauce über unsere beliebten schnellen Nudeln (chinesisch) aus dem Notvorrat servieren.

Panade fällt ab   siehe **Panade**

Schlecht gerupft   Wir leben in einer bequemen Zeit, in der das Geflügel im allgemeinen gerupft verkauft wird. Nachdem aber die Dienstleistungen immer mieser werden, ist das Hühnchen oft nicht genügend gerupft. Wenn Sie unter Ihrem Haushaltspersonal keinen Hühnerrupfer haben, gibt es zwei relativ einfache Methoden, um Federn zu entfernen:
1. Die Heißwachsmethode: Paraffin oder alte Kerzen in kochendes Wasser geben. Warten, bis das Wachs schmilzt. Den Vogel immer wieder eintauchen, bis er ganz mit Wachs überzogen ist. In Zeitung wickeln und abkühlen lassen. Wenn Sie jetzt das Wachs abschälen, sollten die Federn mit abgehen. (Wenn Sie das Wachs

nicht mehr abkriegen, stecken Sie dem Vogel einen Docht in den Schnabel, und schon haben Sie eine Notkerze.)

2. Die Seifenmethode: Einen großen Topf voll Wasser zum Kochen bringen. ¼ Tasse Geschirrspülmittel für Maschinen zugeben. Den Vogel ins Wasser werfen. 2 oder 3 Minuten im Wasser schwenken und dann in ein Handtuch rollen. Die restlichen Federn sollten sich jetzt abreiben lassen. Mit kaltem Wasser gründlich nachspülen, keine Sorge wegen des Geschmacks: Kein Gast wird Seifenschaum vor dem Mund haben.

Wildgeschmack Manchmal schmeckt Ente oder Fasan oder Truthahn zu sehr nach Wild. Das wirft aber kein schlechtes Licht auf die Vergangenheit des Vogels auf dem Bauernhof. Ingwer, Sherry und Brandy (die beiden letzteren für den Vogel, nicht für Sie!) mildern den Wildgeschmack. Sie können den Vogel auch mit ½ Teelöffel Ingwerpulver vor dem Braten einreiben oder jede der 3 Zutaten in die Sauce geben, die Sie dazu servieren möchten.

Schwer zu schneiden Oft läßt sich rohes oder gares Geflügel leichter mit einer Schere schneiden. Bei Huhn und Truthahn wird das Fleisch dabei nicht so zerfleddert wie mit dem Messer.

Trocken Speziell Truthahn kann so trocken werden, daß Ihr Weinvorrat nicht reicht. Den Truthahn in Scheiben schneiden und auf einer hitzefesten Platte anrichten. Eine Sauce aus Butter und Hühnerbrühe zu gleichen Teilen anfertigen. Über den tranchierten Vogel gießen und bei 120 Grad 10 Minuten im Ofen ziehen lassen, damit er die Säfte aufsaugt.

Zäh Fleischzartmacher wirkt auch bei Geflügel. Wenn Sie Huhn in einer Sauce zubereiten, versuchen Sie es mit einer Prise Küchennatron in der Flüssigkeit. Beim Braten **67**

oder Grillen reiben Sie den Vogel vor dem Garen innen und außen mit Zitronensaft ein, das macht ihn zart.

Gelatine

Klebt an der Form fest   Die Speise am Rand entlang mit einer Messerspitze lockern. Die Form ein paar Sekunden in heißes Wasser tauchen (nicht zu tief, sonst läuft das Wasser in die Form), mit der Öffnung nach unten auf eine Platte stellen und kräftig auf- und abschütteln. Jetzt versuchen Sie vorsichtig, die Form zu heben. Wenn es immer noch klebt, den Vorgang wiederholen. Wenn es jetzt immer noch klebt, geben Sie auf. Vielleicht haben Sie Tapetenkleister statt Gelatine erwischt. (Beim nächsten Mal ölen Sie die Form ein bißchen ein, bevor Sie die Speise hineingießen.)

Wenig Zeit   Dem Pulver nur soviel heißes Wasser zugeben, daß es sich auflöst. Ein paar Eßlöffel sollten genügen. Dann nehmen Sie Eiswasser für den Rest der Flüssigkeit. Wenn Sie Früchte zugeben, sollten diese sehr kalt sein.

Zu dick   Wenn die Gelatine fest ist, ehe Sie die Früchte oder Murmeln oder was auch immer hineingerührt haben, noch einmal aufwärmen, egal wie (Backofen, Ofen, in eine Schüssel warmes Wasser stellen), dann wird sie dünner. Dann wieder setzen lassen, bis die richtige Konsistenz zum Einrühren erreicht ist.

Zu dünn   Wenn ein Gelatinedessert oder eine Sülze gar nicht fest werden wollen, stellen Sie das Zeug in ein Eisbad. Ein Eisbad ist eine große Schüssel voller Eiswürfel. Beim nächsten Mal nicht vergessen, die Gelatine vor dem Gebrauch in kalter Flüssigkeit einzuweichen.

Glasur

Klumpig   Das kann passieren, wenn Klumpen im Zukker sind oder Ihre Streichtechnik mangelhaft ist. Strengen Sie sich ein bißchen an. Ein glattes Messer (kein Sägemesser) in heißes Wasser getaucht, macht die Sache wesentlich einfacher. Oder Sie können die klumpige Glasur mit gehackten Nüssen, geraspelter oder geflockter Schokolade verdecken. Oder Sie träufeln eine dünne Schokoglasur kreuz und quer über den glasierten Kuchen und lassen sie an den Seiten herunterlaufen, das verwirrt das Auge und befriedigt die Zunge.

Zäh   Zähe Glasur ist schwer zu verteilen, außer man taucht das Messer vor und während des Verstreichens immer wieder in sehr heißes Wasser.

Zuckrig   Wenn die Glasur beim Kochen anfängt zuckrig zu werden, ein paar Tropfen Essig untermischen. Das wird den Verzuckerungsprozeß aufhalten, ohne den Geschmack zu verändern.

Zu dick   Wenn die fertige Glasur bereits zu dick ist, so lange Sahne einrühren, bis die Konsistenz stimmt. Wenn sie während des Kochens zu dick wird, rühren Sie so lange ein paar Tropfen Zitronensaft oder kochendes Wasser unter, bis sie dünner wird.

Zu dünn   Kleine Mengen Zucker zugeben (vorzugsweise Puderzucker), dabei wie ein Weltmeister schlagen. Sollten Sie aus irgendeinem Grund keinen Zucker zugeben wollen, schlagen Sie die Glasur neben einer indirekten Hitzequelle: in der warmen Sonne, neben der offenen Backofentür oder im Wasserbad.

Grapefruit

Das weiße Zeug läßt sich nicht rauskriegen Wenn Sie eine Grapefruit geschält haben und immer noch zuviel von dem weißen Zeug darauf ist, können Sie es entweder mit der Kante Ihres Grapefruitmessers (oder mit der eines anderen Sägemessers) abkratzen, oder Sie tauchen die Grapefruit 2 Minuten in heißes Wasser. Beim nächsten Mal kochen Sie die Grapefruit vor dem Schälen 5 Minuten, dann geht der ganze weiße Belag mit der Schale ab.

Saftlos Wenn Sie zu zweit sind, stellen Sie sich an die entgegengesetzten Enden eines Raums, und rollen Sie die Grapefruit hin und her. Kreisförmig auf einem Tisch rollen (wie Lehmkugeln rollen) hat zwar denselben Effekt, macht aber nur halb soviel Spaß. Eine weitere Möglichkeit ist, die Grapefruit 15 Sekunden bei mittlerer Hitze in die Mikrowelle stecken.

Sauer Seltsamerweise versüßt eine Prise Salz eine saure Grapefruit.

Schwer zu schälen Gießen Sie kochendes Wasser über die Grapefruit, und lassen Sie diese 5 Minuten darin stehen. Jetzt sollte die Grapefruit sich mühelos schälen lassen.

Grünzeug, Salat

Gewaschenen und gezupften Salat bewahren Sie am besten etwas feucht in einem aufgeblasenen, fest verschlossenen Gefrierbeutel oder in einer luftdichten Küchendose im Kühlschrank auf.

Dreckig In warmem Wasser waschen, um die Erde, die Insekteneier, Käfer und Würmer auszuspülen. Nachdem Sie jetzt gesehen haben, was Sie beinahe alles gegessen hätten, werfen Sie den Salat wahrscheinlich in den Müll und holen sich was Nettes aus der Dose. Keine Angst. Waschen hilft wirklich. (Ist das Grünzeug besonders dreckig, können Sie dem Wasser sogar ein bißchen milde Seife beigeben.) Mit kaltem Wasser gut nachspülen (mindestens viermal, wenn Sie Seife verwendet haben).

Schwer zu teilen Wenn sich die Blätter des Salats schlecht trennen lassen, schlagen Sie den Strunk kräftig auf den Küchentresen, dann drehen Sie den Strunk mit einem kräftigen Ruck heraus (sollte sehr leicht gehen, wenn Sie fest genug schlagen) und lassen kräftig kaltes Wasser in das entstandene Loch laufen. Die Blätter werden sich wunderbar entfernen lassen.

Braune Flecken Zeigt Ihr Salat oder Ihr anderes Grünzeug Ansatz zu braunen Flecken, stecken Sie alles zusammen mit ein paar Papierservietten in einen Plastikbeutel. Die Servietten saugen die Feuchtigkeit auf, das Problem ist gelöst.

Naß Zerteilten Salat im Sieb abtropfen lassen, in ein saugfähiges Handtuch wickeln und kaltstellen. Wenn Sie Ihr Grünzeug gleich brauchen, es aber zu naß ist, in ein Kissen stecken und 1 bis 2 Minuten im Schleudergang Ihrer Waschmaschine wirbeln lassen. (Geht auch ohne Waschmaschine. Sie brauchen nur einen kräftigen Oberarm oder eine Salatschleuder.)

Verwelkt Wenn Sie 1 Stunde Zeit haben, tauchen Sie das Grünzeug kurz in heißes Wasser, dann in Eiswasser mit einem Spritzer Essig. Schütteln Sie die überschüssige Flüssigkeit ab, und stellen Sie den Salat 1 Stunde in den Kühlschrank. Wenn Sie den Salat sofort brauchen, frischen Sie ihn mit ein paar Tropfen Öl vor dem Anmachen **71**

auf. Bei hoffnungslos verwelktem Grünzeug versuchen Sie folgendes interessantes Rezept:

> »Merediths leckeres Verwelktes«
> 2 Köpfe verwelktes Grünzeug
> 4 Scheiben Speck
> ¼ Tasse Vinaigrette
> ¼ Teelöffel Selleriesalz
> 2 Eßlöffel gehackter Schnittlauch
> 2 Eßlöffel Essig
> 1 Eßlöffel Zucker

Den verwelkten Salat in mundgerechte Stücke rupfen und auf einer Platte anrichten. Den Speck braten und in kleine Stücke schneiden. Den Speck mit der Vinaigrette, dem Selleriesalz, dem Schnittlauch, dem Essig und dem Zucker verrühren und in der Pfanne aufkochen. Gießen Sie diese Sauce über das Grünzeug. Stellen Sie dann die Platte mit dem Grünzeug und der Sauce auf eine Schüssel heißes Wasser und erwärmen Sie alles 6 Minuten lang. Durchrühren und servieren.

Gulasch siehe Eintopf

Gurken

Fade Ein bißchen Dill sollte das beheben.

Schwammig, welk Legen Sie die ganzen Gurken in eine Schüssel mit kaltem Wasser in den Kühlschrank. Etwa 1 Stunde vor dem Verbrauch schälen und in Scheiben schneiden, mit Salz bestreuen und wieder ins Wasser legen. Vor dem Servieren abtropfen. Oder Sie machen:

> »Bulgarische Gurkensuppe« im Mixer
> 1 Tasse Joghurt pro ½ bis 1 Tasse Gurke
> Salz und Pfeffer

einige Prisen Zucker
einige Prisen Dill (frisch oder getrocknet)
1 Knoblauchzehe

Zu viele Wenn die Gurken schön, fest, nicht verschrumpelt und dunkelgrün sind, halten sie sich mindestens 1 Woche im Kühlschrank. Wußten Sie, daß man Gurken auch braten kann? Man schneide sie in ziemlich dicke Scheiben (etwa 1,5 cm), kann sie panieren oder auch nicht, und brate sie in der Pfanne von beiden Seiten. Das Ganze dann mit Senfsauce servieren. Wenn die Gurken bereits eklig weich, verschrumpelt und gar nicht mehr grün sind, sollten Sie sich beeilen und zum Beispiel dieses norwegische Gericht ausprobieren:

»Gebackene Gurken«
ganze Gurken
Hackfleisch oder Schinkenreste
Zwiebeln
Gewürze
Käse, beliebige Sorte
Brotbrösel
Das gekochte Hackfleisch oder die Schinkenreste mit den Zwiebeln und Gewürzen durch den Fleischwolf drehen und anschmoren. Die Gurken ungeschält 5 Minuten kochen. Der Länge nach halbieren, die Samen herauslöffeln, mit dem Fleisch füllen, mit Käse und Brotbrösel bestreuen und 30 Minuten bei 180 Grad backen.

Hackbraten

Fade Folgende Gewürze (bitte immer nur 2 kombinieren) passen gut zu Hackbraten: Pimentpulver, Selleriekörner, Koriander, Fenchel, Knoblauchpulver, Muskatnuß, Oregano, Paprika, Sesam.

Klebt am Blech Diesmal mit einem Spachtel so gut es geht abkratzen, Puzzle wieder zusammensetzen und mit Sauce kaschieren (Tomatensauce, Hollandaise, Senfsauce). Beim nächstenmal legen Sie 1 bis 2 Streifen Speck unter den Hackbraten, bevor Sie ihn ins Rohr schieben. Er klebt bestimmt nicht, und nach Speck wird er auch nicht schmecken.

Hefe

Verfallsdatum abgelaufen Alte Hefe geht nicht auf. Falls das Datum abgelaufen ist, gibt es einen einfachen Test: Ein bißchen davon mit ½ Teelöffel Zucker in warmes Wasser geben. Wenn es blubbt, ist sie noch gut.

Wenn Sie keine frische Hefe haben 2 Eßlöffel Trockenhefe ersetzen 1 Würfel frische Hefe.

Honig

Kristallisiert, verzuckert Wenn Sie den Honig erhitzen, wird er wieder klar wie direkt aus der Biene. Am besten im Wasserbad erwärmen. Schneller geht es in der Mikrowelle (60 bis 90 Sekunden pro Tasse auf höchster Stufe).

Sie haben keinen, brauchen welchen In den meisten Rezepten können Sie mit 1 ¼ Tassen Zucker und ¼ Tasse einer beliebigen Flüssigkeit 1 Tasse Honig ersetzen.

Klebt am Behälter Das nächste Mal streichen Sie den Behälter mit Butter aus, dann klebt garantiert nichts an.

Käse

Ausgetrocknet, alt   Wenn er sehr hart ist, reiben (jeder Käse eignet sich zum Reiben) und für Gemüse, Eier oder Gratins verwenden. Ist er trocken, aber noch nicht so ganz, die harten Ecken abschneiden (die können sie reiben) und die Schnittflächen mit geschmolzener Butter bestreichen, oder wickeln Sie den ganzen Käse in ein Tuch, das Sie erst in Essig getaucht und dann ausgewrungen haben. In jedem Fall im Kühlschrank lagern.

Hart, schwer zu schneiden   Ein großes Stück Käse läßt sich leichter schneiden, wenn Sie es in eine Klarsichtfolie wickeln, auf den Boden Ihrer Mikrowelle legen und 30 bis 60 Sekunden auf mittlerer Stufe erhitzen, je nach Größe des Stücks.

Schimmelig   Die schimmeligen Teile abschneiden, der Rest des Käses wird schon nicht betroffen sein. Damit der Schimmel nicht wiederkommt, den Käse fest in Plastik wickeln. Anmerkung: Bitte versuchen Sie nicht, den Schimmel von Roquefort oder Gorgonzola zu entfernen, der soll dranbleiben. Danke.

Ölig   Den öligen Käse in Küchenkrepp wickeln, absorbiert in etwa 3 Tagen den Überschuß. Wenn das Papier zu ölig wird, wechseln.

Aufbewahren   Parmesan sollten Sie immer in einem feuchten Tuch oder in einem fest verschlossenen Gefrierbeutel im Kühlschrank aufbewahren. So bleibt er feucht und reibefähig, und zwar wochenlang (Merke: Das gilt nur für Parmesan am Stück!)

Weich, schwer zu schneiden Das Messer heißmachen beziehungsweise einen Käseschneider aus Draht kaufen.

Zu viel Käse mit rechtmäßigem Schimmel Roquefort oder Gorgonzolareste mit der gleichen Menge (nach Gewicht) Butter vermischen, einen Schuß Kognac dazu und das Ganze in einem geschlossenen Gefäß im Kühlschrank aufbewahren. So hält er ewig und schmeckt toll auf Crakker als Horsd'œuvre. Oder Sie machen Gorgonzolasauce für Pasta. Sahne in eine Teflonpfanne geben, Käse hineinbröseln, schmelzen, ein bißchen reduzieren und dann über die frischgekochten Nudeln.

Kaffee

Nicht genug Die Gäste sind im Anmarsch, und Sie stellen fest, daß Sie kaum noch Kaffee haben. Machen Sie Mokka. 2 Tassen Kaffee reichen für 6 Personen. So geht das:

»Mokka«
⅓ Tasse Kakao
3 Tassen heiße Milch
2 Tassen Kaffee
¼ Tasse Zucker oder mehr
Rum oder Brandy
Prise Zimt
Den Kakao und die heiße Milch (Vorsicht: nicht kochen lassen) dem Kaffee zugeben. Nach Geschmack süßen. Ein Schuß Rum und ein Prischen Zimt können aus einer drohenden Katastrophe einen Triumph machen.

Gegen Katastrophen nach dem Essen versuchen Sie es mit Café Brulot. 3 Tassen Kaffee reichen für 6 Personen.

»Café Brulot«
6 Eßlöffel Brandy (oder eine Mischung von Rum und Brandy)
6 Nelken
6 Teelöffel Zucker
ein paar Streifen Orangenschale
3 Tassen Kaffee
Kramen Sie die Flambierpfanne raus, oder treiben Sie die Meute in die Küche: Das ist so spektakulär, daß es keiner verpassen sollte. In der Flambierpfanne den Brandy, Nelken, Zucker samt den Orangenschalen erhitzen. Wenn alles schön heiß ist, die Dämpfe anzünden. Langsam 3 Tassen Kaffee in die brennende Mischung rühren. Servieren Sie den Café Brulot in Ihren kleinsten Tassen!

Zu lange gekocht   Eine winzige Prise Salz nimmt angeblich den bitteren Geschmack.

Kakifrüchte

Zu viele   Machen Sie dieses wunderbar einfache Dessert:

»Cindy's Kakisorbet«
Schälen Sie die Kakis, und entfernen Sie die Kerne (außer Sie haben die kernlose Sorte). Frieren Sie das Kakifruchtfleisch ein. Wenn es gefroren ist, in den Mixer geben, bis es die richtige Konsistenz hat. Essen.

Unreif   Es gibt eine erstaunliche Methode, um unreife Kakifrüchte über Nacht reifen zu lassen. Sie hat die Titelseiten nur deshalb nicht erobert, weil so wenige Redakteure Kakis mögen. Die unreife Frucht in Alufolie wickeln und in den Gefrierschrank legen. Ist sie hartgefroren, herausnehmen, bei Zimmertemperatur auftauen lassen, dann ist sie reif.

Kalbfleisch

Fade Diese Gewürze können aus Kalbfleisch etwas Schmackhaftes machen: Piment, Selleriekerne (auf den Braten streuen), Kerbel, Nelken (5 bis 6 in der Sauce), Majoran, Oregano, Paprika, Rosmarin, Safran, Salbei (den Braten damit einreiben) oder Estragon. Nicht vergessen: Lorbeer und Wacholder.

Nicht weiß (zart, saftig) genug Wenn Sie die Zeit haben, legen Sie das Fleisch über Nacht in Milch ein, wenn nicht, müssen Sie das Kalbfleisch gut blanchieren. Wenn Sie Geschnetzeltes zubereiten, das geschnittene Fleisch kurz in Mehl wenden, dann erst braten. Immer erst salzen, wenn es schon fast gar ist, so bleibt es zart.

Karamel

Wird zu hart Während des Kochens ein bißchen Milch zugeben und auf die richtige Temperatur bringen. Wenn sich nach dem Kochen das Karamel nicht gießen läßt: 1 Eßlöffel Milch und 2 oder 3 Eßlöffel Maissirup zugeben, glattschlagen und sofort umgießen. Sobald die Masse ausgekühlt ist, in einen luftdichten Behälter geben. Innerhalb von 24 Stunden sollte das Karamel weicher und cremiger sein.

Karamel will nicht Karamel werden (Karamelmacher werden wissen, was wir meinen.) Wenn das passiert, ist es fast mit an Sicherheit grenzender Wahrscheinlichkeit nicht lange genug gekocht worden. Füllen Sie es wieder in die Kasserolle, 1 oder 2 Teelöffel Wasser zugeben und unter ständigem Rühren weiterkochen.

Karotten

Fade Je ¼ Teelöffel pro 4 Portionen von jedem der folgenden Gewürze kann Karotten aufpeppen: gemahlene Nelken, Ingwer, Muskatblüte, Majoran, Mohnsamen, Sesamsamen oder Thymian. Für die lieben Kleinen: einfach Ketchup drüber!

In der Schachtel festgefroren Kaltes Wasser reinlaufen lassen, schon kommen sie heraus.

Nicht genug Rohe Karotten für Dips lassen sich mit jedem anderen Gemüse anreichern. Oder hobeln Sie die Karotten der Länge nach mit einem Gemüseschäler, und versenken Sie das Ergebnis in einer riesigen Schüssel mit Eiswasser. Sie werden sich rollen, und wenn Sie das Wasser abgegossen haben, werden Sie dreimal soviel Karotten haben (zumindest sieht es so aus). Haben Sie zu wenig gekochte Karotten, einfach weitergaren und das Rezept für verkochte Karotten durchlesen. Oder sie mit Erbsen (das ist doch mal eine originelle Idee!) oder grünen Bohnen oder Brokkoli und Käsesauce mischen.

Alt Rohe Karotten über Nacht in Eiswasser mit dem Saft 1 Zitrone legen. Wenn Sie die alten Karotten kochen, pro Tasse Kochwasser 1 Prise Zucker und ¼ Teelöffel Salz beifügen.

Verkocht Versuchen Sie mal das:

»Karottenauflauf«
Verkochte Karotten
Kartoffelbrei (fertiger?)
Käse, beliebige Sorte
Die Karotten zusammen mit den Kartoffeln zermatschen, in eine Auflaufform gießen, Käse darüber, unter den Grill stellen (Anmachen nicht vergessen!), bis der Käse schmilzt.

Zu viele Stellen Sie sich nicht so an. Karotten halten fast 1 Monat, wenn sie in Folie gewickelt sind. In 30 Tagen sollte Ihnen etwas einfallen. Wenn sie aber schon geschält sind, kann man sie zum Knabbern mit einem Dip als Vorspeise reichen, oder? Sie können auch Karottensalat für den nächsten Tag vorbereiten. Sie möchten heute schon Karottensalat? Dann kochen Sie sie, und lesen Sie unseren Vorschlag:

»Dillkarotten«
4 Tassen Karotten
Vinaigrette
1 Teelöffel frischer oder trockener Dill
Die Karotten über Nacht in der Vinaigrette mit dem Dill marinieren.

Lust auf etwas Gewagtes? Bitte sehr:

»Indischer Karottenpudding«
Gekochte Karotten
¼ Tasse Butter für je 2 Tassen Karotten
Sahne oder Milch
1 Eßlöffel Zitronensaft
2 Eßlöffel gehackte Nüsse (jede Sorte)
2 Eßlöffel Rosinen
2 oder mehr Eßlöffel Zucker
⅛ Teelöffel Mandelextrakt
Schlagsahne
Die Karotten gut abtropfen lassen. Mit Butter pürieren, bis sie die Konsistenz von Kartoffelbrei haben. Milch oder Sahne zugeben (falls nötig). Zitronensaft, Nüsse und Rosinen zugeben. Nach Geschmack süßen. Mandelextrakt zugeben, wenn Sie Lust dazu haben. Der Pudding kann heiß oder kalt serviert werden, mit Schlagsahne. Reden Sie beiläufig über Kürbisse beim Essen, keiner wird erraten, woraus Sie Ihr Dessert gezaubert haben.

Kartoffelchips

Zerbrochen Das geht schneller als die Nummer mit dem Sekundenkleber: vollständig zerbröseln und als Auflaufkruste verwenden.

Schwammig Ganz kurz unter den Grill legen. Nicht braun werden lassen. Oder 30 bis 60 Sekunden auf Höchststufe in die Mikrowelle. 3 Minuten stehenlassen, dann servieren.

Kartoffeln

Gebackene Kartoffeln aufwärmen Vor dem Aufwärmen kurz in kaltes Wasser tauchen, dann bei 180 Grad 10 Minuten backen.

Gebackene Kartoffeln explodieren Diesmal: ducken! Nächstes Mal eine Kerbe schneiden oder Löcher in die Kartoffeln stechen, dann kann der Dampf entweichen, und es gibt keine Explosion.

Gebackene Kartoffeln im Schnellverfahren Vor dem Backen 5 Minuten ankochen oder einen großen Alunagel in die Kartoffeln stecken, das verkürzt die Backzeit um etwa 20 Minuten. Noch schneller geht es, wenn man sie fest in Folie wickelt, auf das Gitter des Schnellkochtopfs legt, Wasser bis kurz unter dem Gitter zugibt und 15 Minuten kocht. Natürlich betrachten manche Leute die in 5 Minuten fertig gebackenen Kartoffeln als ausreichenden Vorwand für den Kauf einer Mikrowelle.

Gekocht, fad 1 Prise Rosmarin oder 1 Lorbeerblatt oder ein bißchen Kümmel ins Kochwasser. Oder mit etwas Sauerrahm und 1 Prise Majoran servieren. Und dann hätten wir da noch das Trüffelöl: ein paar Tropfen darüber,

oder ein paar Tropfen mit Crème fraîche oder Sauerrahm vermischen, und – schwupp auf die Kartoffeln.

Gekocht, fallen auseinander O je, und Sie wollten Ihren berühmten Kartoffelsalat fürs Picknick machen. Hakken Sie besonders knackige Sachen wie Frühlingszwiebeln, Stangensellerie und saure Gurken. Heben Sie dieses »Allerlei« vorsichtig unter die Kartoffeln. In eine Form drücken. Kaltstellen. Stürzen und mit Petersilie garnieren, die Katastrophe wird zum Triumph! Oder Sie versuchen es mit türkischer Kartoffelcreme: Die zerdrückten Kartoffeln mit Knoblauch, Joghurt, Petersilie, Olivenöl, Salz und Pfeffer verrühren, bis sie die Konsistenz von Kartoffelbrei haben. Wetten, daß Sie dieses Gericht jetzt öfter zubereiten müssen?

Alt Dem Kochwasser 1 Zitronenscheibe beigeben. Das verhindert Verfärbung und mildert das modrige Aroma, falls vorhanden.

Schalen kleben beim Schälen am Messer oder an den Händen Ein bißchen Butter oder ein anderes Fett auf Messer, Schäler und/oder Hände tupfen.

Kartoffelbrei, fad oder zuviel Es kommt eine Zeit im Leben jedes Menschen, oft schon in jungen Jahren, da hat er oder sie einfach die Nase voll von Kartoffelbrei. Wenn Sie gerade einen großen Topf voll gemacht haben, und dieses Phänomen aus heiterem Himmel in Ihrer Familie auftaucht, versuchen Sie es mit ein bißchen Zimt im Brei, den Sie dann als Frikadellen in Butter herausbacken. Gar nicht schlecht.

Nicht genug Ja, wo ist denn die Packung Fertigkartoffelbrei, die Sie immer im Haus haben sollten? Selbst schuld. Wenn Sie die Kartoffeln noch nicht gekocht haben, in dünne Scheiben schneiden und Gratin machen (das sättigt mehr, so essen die Leute weniger). Oder Sie

83

mischen das fertige Püree mit gekochten Erbsen, Karotten oder Sellerie, 1 Prise Muskatnuß und 1 Löffel Crème fraîche oder Sahne dazu, und schon haben Sie eine köstliche Beilage. Am besten das Ganze im Mixer mischen.

Ketchup

Will nicht aus der Flasche Stecken Sie einen Strohhalm in die Flasche. Das bringt genug Luft auf den Boden, und der Ketchup läßt sich mühelos gießen.

Knoblauch

Schwer zu schälen Den Knoblauch mit kochendem Wasser übergießen, bis 5 zählen, dann in kaltes Wasser werfen.

Zu viele geschält Olivenöl darüber, kaltstellen, hält wochenlang. Das Öl ist wunderbar für Salate.

Ihre Hände riechen nach dem Schälen streng Mit Zitrone abreiben oder Wasser über die Klinge eines nicht rostfreien Messers auf die Hände tropfen lassen: Der Geruch verschwindet im Nu.

Knödel

Fallen im Topf auseinander Die Reste mit einem Schaumlöffel herausholen und in ein mit Küchenkrepp ausgelegtes Sieb legen. Drücken, damit sie trocken werden. In eine gebutterte Form schichten und 20 Minuten bei 180 Grad backen.

Zu viele Haben Sie schon mal Knödel-Carpaccio versucht? Den oder die Knödel in möglichst dünne Scheiben

schneiden. Den Teller damit auslegen. Steinpilze einweichen. (Haben Sie beim letzten Mal Ihren Notvorrat aufgefüllt?) Absieben, kleinhacken, mit etwas Zwiebel in Olivenöl anschwitzen, salzen, pfeffern, etwas Balsamico und Zitronensaft darüber und auf den Knödeln (den geschnittenen!) verteilen. Zum Schluß noch etwas Parmesan darüber. Fertig!

Kohl

Fade   Jedes der 3 Gewürze als Zugabe im Kochwasser hilft: Dill, Senfkörner oder Sesam.

Verkocht   Machen Sie Kohlsuppe:

»Dianas Kohlsuppe mit Huhn«
Gekochter Kohl
1 Dose Hühnercremesuppe
Dieselbe Menge Milch
1 Scheibe Roggenbrot pro Person oder anderes Brot
Kümmel
Butter
Geraspelter Käse und/oder geröstete Mandeln
Den gekochten Kohl mit der Suppe und der Milch vermischen. Das Brot mit Butter bestreichen und toasten und je eine Scheibe in die Suppenschüsseln geben. Die heiße Suppe über das Brot geben und 3 Minuten stehenlassen, damit das Brot aufweicht. Mit Käse und/oder Mandeln garnieren.

Geruchsbelästigung beim Kochen   Ein altes Hausfrauenmittel ist, ein Stück Brot im Wasser mitzukochen. Roggenbrot eignet sich für diese Antiverpestungskampagne am besten. Wenn das ganze Haus nach Kohl stinkt, machen Sie eau de clove (Nelkenwasser, hoffentlich mögen Sie den Geruch von Nelken): 3 bis 4 Nelken mit Essig in einer Pfanne köcheln lassen. Wenn Sie jetzt erst feststel- **85**

len, daß Sie Nelkengeruch nicht ausstehen können: Pech gehabt!

Zu viel   Roher geschnittener Kohl hält sich bis zu einer Woche in Alu- oder Klarsichtfolie im Kühlschrank. Sie können also bis nächsten Donnerstag überlegen.

Nicht genug   Versuchen Sie Kohl Ranchero:

»Kohl Ranchero«
Gekochter Kohl
Tomaten, frische oder geschälte aus der Dose
Zwiebeln, frisch oder getrocknet
Butter
Ketchup
Chilipulver
Die Zwiebeln in Butter glasig braten. Tomaten kleinschneiden und daruntermischen. Etwa 10 Minuten köcheln lassen, gelegentlich rühren. Den gekochten Kohl dazu. Ein paar Löffel Ketchup, ein paar Prisen Chilipulver und fertig!

Ansonsten läßt sich roher Kohl gut mit geraspelten Karotten, Sellerie und etwas Ananas zu einem wunderbaren Farmersalat strecken. Salatsauce: Mayonnaise, Orangensaft, Salz und Pfeffer, eventuell etwas Meerrettich.

Kokosnuß

Geht nicht auf, und Ihre Machete ist wieder mal beim Schleifen   Methode 1: Das weichste der 3 oder mehr Augen mit einem Spieß anstechen, die Milch abgießen und die Schale mit einem Hammer aufschlagen. Methode 2: Die Kokosnuß 20 Minuten bei 150 Grad ins Backrohr, dann sollte ein leichter Schlag auf die Birne genügen.

Ausgetrocknet Legen Sie das Kokosfleisch in eine Schüssel, mit Milch (von der Kuh) übergießen und 1 Stunde in den Kühlschrank stellen. Das Fleisch durch ein Sieb trockendrücken. Die Milch kann man trinken oder zum Kochen verwenden. Wenn Sie die Zeit dazu haben, legen Sie das Kokosfleisch mit 1 Scheibe frischen Brotes in einen luftdichten Behälter, und stellen Sie diesen 3 Tage in den Kühlschrank: Am Ende haben Sie frische Kokosnuß und altes Brot.

Alte geraspelte Kokosnuß Methode 1: Mit 1 Prise Zukker 3 Minuten in Kuhmilch einweichen. Methode 2: In einem Sieb über kochendes Wasser halten, bis das Zeug so feucht ist, wie Sie es haben wollen.

Kroketten

Wollen nicht fest werden Es gibt kaum etwas Fieseres als schlaffe Kroketten. 1 Teelöffel Gelatine in 2 Eßlöffeln kaltem Wasser verrühren und dann über kochendem Wasser auflösen. In die Krokettenmischung rühren und warten, bis die Gelatine hart wird. Die Hitze beim Braten wird die Gelatine auflösen, und die Kroketten werden innen weich und locker sein.

Kuchen

Blasen im Teig Legen Sie den Teig in eine unzerbrechliche Schüssel. Halten Sie die Schüssel etwa 20 Zentimeter über den Boden. Fallenlassen. Machen Sie das drei- bis viermal oder bis sich die Leute unter Ihnen beschweren. Die Blasen werden verschwinden, und wenn Sie Glück haben, die Leute von unten auch.

Angebrannt Ist der Kuchen ganz fertig, entweder die verbrannten Teile wegschneiden und den Kuchen mit einer Glasur überziehen (auch wenn Sie das nicht vorhatten), oder Sie raspeln die verbrannten Stellen weg. Wenn er jetzt zu klein ist, in Schichten schneiden und füllen, dann erst mit Glasur überziehen. Ist der Kuchen angebrannt, aber noch nicht ganz fertig, die gebräunten Teile wegschneiden und den Kuchen mit einer »Erste-Hilfe-Salbe« bestreichen: 1 Ei mit 1 Teelöffel braunem Zucker verkleppern. Die Masse mit einem Pinsel aufstreichen und weiterbacken.

Wird nicht gleichmäßig fertig Wenn Sie Ihren Kuchen nach 15 oder 20 Minuten überprüfen und die Ränder fertig aussehen, die Mitte aber noch schwammig ist, die Temperatur um 10 Grad senken. Sie müssen ihn etwas länger backen. Nach 15 bis 20 Minuten wieder nachsehen. (Und später mal die Backofentemperatur prüfen, vielleicht ist sie falsch eingestellt.)

Krümelig, läßt sich nicht glasieren oder schneiden Einfrieren. Glasieren. Schneiden. Auftauen. Zack-bumm.

Trocknet aus Wenn Sie nicht vorhaben, den Kuchen bald zu verzehren, bestreichen Sie ihn rundherum mit zerlassener Butter. Das verzögert das Austrocknen und erleichtert das Glasieren. Wenn der Kuchen während des Lagerns austrocknet, etwas Feuchtes zum Kuchen unter den Tortendeckel (sollte möglichst luftdicht sein) stellen. Das Allerfeuchteste wäre 1 kleines Glas Wasser. Aber eine Apfel- oder Orangenscheibe erfüllt denselben Zweck. Nicht vergessen, alle 2 oder 3 Tage Wasser nachgießen oder die Scheiben wechseln. Noch ein Tip: Die meisten Kuchen lassen sich mit Erfolg einfrieren.

Spindig, zusammengefallen Sie haben möglicherweise das Backpulver vergessen. Zu spät, nichts zu machen. Wie schon Escoffier (oder war es Hans vom »Dreckigen

Löffel« nebenan?) richtig sagte: »Dieser Kuchen wird sich nie mehr erheben.« Zum Glück mögen die meisten Leute spindigen (oder wie nennen Sie das?) Kuchen, auch wenn er fürchterlich aussieht. Denn er schmeckt! Gebrauchen Sie Ihre Fantasie oder unser Rezept:

»Tanjas Apfelpampe«
Zusammengefallener Kuchen
Apfelmus
Schlagsahne
Den Kuchen in Stücke brechen, mit Apfelmus mischen und Schlagsahne darüber. Niemand wird dieses Dessert für einen Unfall halten.

Kuchen kommt schief aus dem Ofen Oben gerade abschneiden, umdrehen und glasieren. Sie sollten prüfen, ob Ihr Herd im Wasser steht (mit der Wasserwaage, nicht den Herd in den See stellen).

Alt Da hilft keine Relativitätstheorie, sondern nur ein leckeres Rezept. Haben Sie alten Schokoladenkuchen, schneiden Sie ihn in 3 Zentimeter dicke Würfel. Machen Sie aus 6 Teelöffel Zucker pro Eiweiß eine Baisermasse, und geben Sie diese über die Kuchenwürfel. Mit Kokosnußraspel und gehackten Nüssen bestreuen, bei 150 Grad ins Backrohr, bis das Baiser braun ist. Wenn Ihr Altkuchen ein heller ist, schneiden Sie ihn ebenfalls in Würfel und geben Sie 1 Eßlöffel Rum pro Tasse Kuchen darüber. Kochen Sie einen Vanillepudding, rühren Sie den Kuchen darunter und stellen Sie das Ganze kalt. Mit Schlagsahne serviert ein wunderbarer Nachtisch!

Klebt am Zellophan fest Passiert bei gefrorenem Fertigkuchen. Das Paket 20 bis 30 Sekunden unter kaltes Leitungswasser halten, dann auswickeln.

Geht nicht vom Blech Das beflügelt anscheinend die Fantasie jeder Hausfrau. Es gibt viele Techniken, und sie haben alle ihre Vorteile.

1. Den Kuchen 5 Minuten stehenlassen, dann geht es vielleicht leichter.
2. Das heiße Blech aus dem Ofen nehmen und auf ein mit kaltem Wasser getränktes, ausgewrungenes Tuch stellen.
3. Die Kanten mit einer Stricknadel, nicht mit einem Messer lösen. Ein Gitter obendrauf legen, die ganze Chose umdrehen, und den Boden des Blechs, falls nötig, mit einem Löffel abklopfen.
4. Den Kuchen mit Blech in ein Handtuch wickeln, sobald Sie ihn aus dem Ofen holen und 5 Minuten stehenlassen.
5. Wenn der Kuchen kalt ist und klebt, kurz anwärmen.

Kürbis

Fade Ingwer bewirkt wahre Wunder, egal ob in Pulverform, als Marmelade oder (gewagt, gewagt) frisch. Wenn Sie keinen Ingwer mögen, versuchen Sie es mit Mangochutney.

Nicht genug Die orangefleischige Sorte läßt sich gut mit Früchten kombinieren: gedämpfte Äpfel oder Birnen, Mandarinen oder Orangen. Grüne und gelbe Kürbisse lieben Tomaten.

Voller Fasern Mit dem Mixer 10 Sekunden auf der höchsten Stufe und 60 Sekunden auf der kleinsten Stufe rühren. Die Fasern von den Quirlen abwaschen (dem Boden, den Wänden, dem Hund) und, falls nötig und möglich, den Vorgang wiederholen.

Lamm

Fade Lamm paßt fast zu allem, was das Gewürzregal im Supermarkt zu bieten hat. Versuchen Sie es einmal mit Kreuzkümmel, in der arabischen Küche geht es gar nicht ohne. Die Klassiker heißen natürlich Oregano, Thymian und Rosmarin, ein Spritzer Zitrone kann allerdings auch nicht schaden.

Lammkoteletts rollen sich in der Pfanne Das Fett an den Kanten in Zentimeterabständen einschneiden und sofort wenden (später können Sie die Koteletts nochmals wenden).

Hammelgeschmack zu streng Die folgende Marinade hilft: Das Lamm mit einem feuchten Tuch abwischen und mit dem Saft von 1 Zitrone und mit 2 Eßlöffeln Olivenöl einreiben. Vor dem Kochen oder Braten 2 Stunden ziehenlassen. Gut mit Knoblauch versorgen.

Leber

Fade Wie wäre es mit einer leckeren Sauce: 250 Gramm Tomatensauce, 2 Eßlöffel Essig (Balsamico, wenn Sie's nicht sein lassen können), 1 Eßlöffel braunen Zucker, ¼ Tasse gehackte Zwiebeln, ¼ Tasse gehackten grünen Paprika, 1 zerdrückte Knoblauchzehe mischen, heißmachen, über die Leber gießen. Zu Hühnerleber eignet sich eine vorzügliche Sauerrahmsauce: Pro Pfund Hühnerleber erhitzen Sie 1 Tasse Sauerrahm und 2 Eßlöffel Zitronensaft mit 1 Teelöffel Kerbel (oder Dill oder 1 Eßlöffel Tomatenmark mit 1 Teelöffel Oregano) langsam in einer schweren Pfanne und gießen die Sauce über die gebratene Hühnerleber.

Zäh Fleischzartmacher wirkt auch bei Leber, egal, was auf der Packung steht. Beim nächsten Mal erst salzen, wenn sie weich ist. Falls Sie damit rechnen, daß die Leber hart wird, vor dem Zubereiten 1 Stunde in Milch oder Rotwein einlegen.

Spritzt in der Pfanne Dazu neigt vor allem Hühnerleber, außer man sticht sie vor dem Braten mit der Gabel an.

Mais

Verfärbt sich Einige Leute glauben, heller Mais schmek-ke besser als dunkler. Diese Mitbürger kann man mit ein paar Spritzern Essig im Kochwasser täuschen. Die Kolben werden heller, der Geschmack bleibt unverändert.

Nicht genug Schneiden Sie den Kolben in Drittel und häufen Sie diese auf einer Platte. Es bleibt in jedem Fall 1 Stück übrig.

Alt, nicht süß Vor dem Kochen ein kleines Stück abschneiden und den Mais mit der Schnittfläche ½ Stunde in ein Gefäß mit etwa 3 Zentimetern Wasser stellen. Ob Sie nun einweichen oder nicht, versuchen Sie es mit ½ Tasse Zucker auf je 2 Liter Kochwasser.

Verkocht Kaum vorstellbar, daß das passiert, aber wenn doch, dann machen Sie frische Maissuppe:

»Frische Maissuppe«
Mais
pro Tasse Körner:
1 Eßlöffel Butter
2 Eßlöffel Zwiebeln, gehackt
1 Eßlöffel Mehl
1 Tasse Vollmilch
Salz, Pfeffer, Muskatnuß
Die Kerne vom Kolben lösen, schon haben Sie den Großteil der Arbeit hinter sich. Butter in schwerer Pfanne erhitzen. Zwiebeln und Mehl zugeben und bei mittlerer Hitze 3 Minuten unter ständigem Rühren köcheln. Die Milch in einem anderen Topf erhitzen (da-

93

mit es später keine Klumpen gibt). Mais und Milch einrühren. Die Mischung gut warm werden, aber nicht kochen lassen. Nach Geschmack salzen und pfeffern. Mit
einer kleinen Prise Muskatnuß würzen.

Zu viele Fasern Lassen sich leicht entfernen, indem man
den Kolben unter einen harten Wasserstrahl hält. Die wenigen restlichen Fasern mit einem Messer entfernen. Bei
hartnäckigeren Fasern mit feuchtem Küchenkrepp oder
sogar mit einem Flaschenreiniger abrubbeln.

Zu viel Maiskolben sollten nicht aufgewärmt werden, da
der Mais hart wird. Hier ist ein einfaches, aber interessantes Rezept für übriggebliebene Maiskolben.

»Maisauflauf Delaware«
1 Tasse Maiskörner
¾ Tasse Brotbrösel
½ Tasse Milch
1 Eidotter
½ grüner Paprika gehackt
1 Eiweiß
2 Streifen Speck
Salz und Pfeffer
Die Körner vom Kolben kratzen. Körner mit Bröseln,
Milch, Eidotter, grünem Paprika, Salz und Pfeffer
mischen. Steif geschlagenes Eiweiß unterheben. 2
Streifen Speck obendrauf legen und bei 180 Grad 30
Minuten backen.

Mangos

Schwer zu schälen Wie es schon in einem berühmten
Kalypsolied heißt: »Wenn die Mangos sich nicht schälen
lassen, Mann, dann versuch es einfach am anderen Ende
der Frucht.« Mangos haben eben diese Marotte: Sie sind
nur von einer Seite leicht zu schälen.

Unreif Unreife Mangos in eine braune Papiertüte geben und an einem dunklen, warmen Ort aufbewahren, bis sie reif sind. Die Farbe sollte von kräftigem Orange sein. Unreife Mangos ergeben die beste Sauce!

Überreif Wegwerfen! Selbst die raffinierteste Dessertzubereitung wird den scheußlichen Terpentingeschmack nicht beseitigen können.

Markklößchen

Sie wollen Markklößchen formen und stellen fest, daß keine Brotbrösel im Haus sind: Nehmen Sie geriebene Nüsse und ein bißchen Mehl.

Mayonnaise

Geronnen 1 Eidotter in eine saubere, kalte, trockene Schüssel geben. Die Mayonnaise sehr, sehr langsam (nein, noch langsamer) unterrühren. Eine andere Möglichkeit ist, eßlöffelweise kochendes Wasser unterrühren. (Hinweis: Mayonnaise gerinnt besonders an feuchten Tagen.)

Nicht genug Mit Joghurt, Ketchup, Essiggurkenwasser strecken. Oder machen Sie Ihre eigene Mayonnaise. Mit dem Mixer ist das unglaublich einfach. Das geht so:

»Mayonnaise«
1 Ei
½ Teelöffel Senfpulver oder mittelscharfer Senf
¼ Teelöffel Salz
2 Teelöffel Essig oder Zitronensaft
1 Tasse Salatöl
Möglichst an einem nicht feuchten Tag geben Sie Ei, Senf, Salz, Essig und ¼ Tasse Öl bereits verrührt in den

Mixer. Auf kleinste Stufe schalten. Durch die Eingieß-
öffnung das übrige Öl in einem steten Strahl zugeben.
Jetzt haben Sie Mayonnaise, etwa 1¼ Tassen.

Hat sich getrennt Schüssel mit heißem Wasser ausspülen und abtrocknen. 1 Teelöffel mittelscharfer Senf, 1 Teelöffel Mayonnaise hineingeben und mit dem Schneebesen
cremig schlagen. Dann wieder je 1 Teelöffel Mayonnaise
zugeben und dazwischen schlagen und schlagen...

Zu dick Mit Sahne, Schlagsahne, Milch oder Zitronensaft, was auch immer gerade griffbereit ist, verdünnen.

Mousse

Will nicht fest werden Jetzt haben Sie keine Mousse
mehr, jetzt haben Sie eine Sauce, die Sie zu passenden
Früchten oder gewürfeltem, geschmacklosem Kuchen
reichen können. Oder Sie frieren die Sauce ein und holen
sie ½ Stunde vor dem Servieren heraus und beten.

Muscheln

Dubiose Qualität 10 Minuten dämpfen. Wenn sie aufgehen, sind sie gut, wenn nicht, ab in die Tonne.

Sandig Die Muscheln mit reichlich Maismehl bestreuen
und mit Wasser bedecken. 3 Stunden warten. Sie haben
allen Sand ausgestoßen. (Wer würde das nicht in dieser
Situation.) Dann gut abspülen.

Wollen nicht aufgehen Versuchen Sie es auf die einfache Tour, auch wenn Sie vielleicht einen bösen Brief von
der Muschelliga erhalten. Immer 4 Muscheln in kochendes Wasser geben. Nach 15 Minuten herausholen und mit
dem Messer öffnen. Das kochende Wasser entspannt den
Muskel, der sie zuhält.

Natron siehe **Baking Soda**

Nudeln

Kochen über   Am schnellsten hilft, über die Oberfläche des Wassers zu blasen. Jetzt haben Sie etwa 15 Sekunden Zeit, um den Topflappen zu finden. Falls das nicht reicht, beliebig oft wiederholen. Dann geben Sie etwa 1 Eßlöffel Öl auf das Wasser. Beim nächsten Mal die obersten 3 Zentimeter des Topfes leicht einölen oder endlich einen großen Nudeltopf kaufen.

Kleben zusammen   Wenn die Nudeln nach dem Absieben zusammenkleben, können Sie das durch kurzes Eintauchen in kochendes Wasser korrigieren, diesmal mit 1 Stück Butter oder 1 Schuß Öl. Nächstes Mal von Anfang an Öl ins Kochwasser, dann passiert es gar nicht erst. Wenn die Nudeln geheiratet haben und sich nicht mehr trennen wollen (passiert bei Lasagne), einfach in dünne Streifen schneiden und Nudelauflauf machen.

Nüsse

Bröselig   Wenn die Nüsse beim Knacken zerbröseln, die übrigen ungeschälten Nüsse über Nacht in Salzwasser legen.

Schwer zu schälen   Mandeln und ähnliche Nüsse ohne Schale in kochendes Wasser werfen, Topf vom Ofen nehmen und 3 Minuten stehenlassen. Die Haut (die braune Schicht auf dem Nußfleisch) sollte sich jetzt leicht ablösen lassen. Nüsse mit einem Handtuch trocknen. Bei Kastanien einen kleinen Einschnitt in die flache Seite ritzen. In einem 250 Grad heißen Ofen rösten, bis sich die Schale lockert, oder mit kaltem Wasser bedecken und kochen. Vom Herd nehmen und auskühlen lassen. Jetzt sollten Schalen und Haut leicht zu entfernen sein.

Schalen mit den Nüssen vermischt Die ganze Chose in eine Schüssel Wasser werfen. Die Schalen treiben an die Oberfläche, die Nüsse sinken, und die Kaulquappen paddeln in der Mitte.

Oliven

Schwer zu entkernen Auf Küchenkrepp oder Wachspapier legen. Sanft mit einem Nudelholz rollen. Die Olive
kurz mit dem Handrücken drücken, der Kern wird her-
ausspringen.

Orangen

Fade Vanille paßt wunderbar zu Orange. Geben Sie Vanilleextrakt oder -zucker dazu.

Schwer zu schälen Kochendes Wasser über die Orangen gießen und 5 Minuten ziehenlassen. Dann lassen sie
sich leicht schälen, und das weiße Zeug innen geht auch
gleich ab. Sie können das auch im Voraus machen und sie
trotzdem im Kühlschrank lagern. Diese Prozedur macht
Orangen obendrein erheblich saftiger. Das erreicht man
auch durch Rollen auf einem Tisch. Da fließen die Säfte
wieder.

Panade

Fällt ab Abfallen lassen und beim Servieren Sauce darüber (undurchsichtige bitte). Nächstes Mal bitte folgende 6 Schritte beachten: 1. den zu panierenden Gegenstand abtrocknen. 2. In Mehl tauchen und Überschuß abschütteln. 3. In eine Mischung aus Ei und ein paar Tropfen Öl, gut verquirlt, tauchen. 4. In die Brösel legen, kurz drücken, wenden, wieder drücken. 5. 30 bis 60 Minuten auf Wachspapier in den Kühlschrank legen. 6. Nach Rezept zubereiten.

Zu wenig Mit Parmesan strecken, schmeckt köstlich zu Kalb und Huhn. Zerdrückte Cornflakes gehen auch. Tip: Paniertes nicht in der Mikrowelle aufwärmen, es wird schwammig.

Petersilie

Schwer zu hacken Ganz kurz unter heißes Wasser halten und mit Küchenkrepp abtrocknen. Der Hackquotient sollte merklich steigen. Außerdem gibt es da immer noch die gute alte Küchenschere.

Zu viel Hacken, anfeuchten und in Joghurtbechern mit Deckel einfrieren. Bleibt sogar streufähig. Das können Sie natürlich mit fast allen frischen Kräutern machen!

Pfannkuchen

Zu viel Teig   Rausbacken und, mit Butterbrotpapier dazwischen, einfrieren. Lassen sich wunderbar aufwärmen.

Pfirsiche

Verfärben sich   Nach dem Schälen mit Zitronensaft beträufeln, die Farbe bleibt.

Schwer zu schälen   Feste Pfirsichhaut kann man mit dem Schäler abziehen. Weiche Pfirsiche können wie Tomaten geschält werden. Wie Sie durch das aufmerksame Lesen dieses Buches wissen, geht dies am besten, wenn man sie mit kochendem Wasser überbrüht und 3 Minuten ziehen läßt. Oder Sie können den Pfirsich 10 Sekunden auf höchster Stufe in die Mikrowelle legen, dann 5 Minuten warten und schälen.

Unreif   1 bis 2 Tage in einer geschlossenen braunen Papiertüte aufbewahren.

Zu viele   Mit Schale und etwas Zitronensaft im Mixer pürieren, Pfirsichlikör oder irgendeinen anderen Likör dazu (wenn möglich keinen Kräuterlikör oder Magenbitter), kühlen, 1 Löffel davon in 1 Glas und mit Prosecco, Sekt oder Champagner auffüllen. Vorsichtig gießen! Schäumt leicht über. Ist ein köstlicher Aperitif!

Pizza

Angebrannt   Es ist fast immer nur der Teig, der verbrannt ist. Den Belag auf eine andere Pizza kratzen oder auf Toast servieren.

Läßt sich nicht schneiden Nehmen Sie die Schere.

Wollen Pizza, haben keine Der nächste »Pizza-frei-ins-Haus-Laden« ist sicher nicht weit.

Plätzchen

Schmecken nach nichts Machen Sie Plätzchensandwiches mit irgendeiner Marmelade dazwischen, oder machen Sie

»Orangenplätzchen«
3 Eßlöffel Frischkäse
1 Eßlöffel Orangensaft
1 Teelöffel Vanilleextrakt
3 Tassen gesiebter Puderzucker
Frischkäse, Orangensaft und Vanille mischen. Den Zucker langsam unter ständigem Schlagen zugeben. Auf den Plätzchen verteilen.
Servieren Sie diese Köstlichkeit mit einem Schüsselchen Amaretto oder einem anderen Likör zum Stippen. Oder bestreichen Sie die Plätzchen mit einem süßen Sherry und schaumig geschlagenem Eiweiß, und streuen Sie Mandelstifte darüber. 1 Minute unter den Grill, damit die Glasur fest wird.

Zu hart Die Plätzchen werden wieder weich, wenn Sie sie zusammen mit etwas Feuchtem in einem luftdichten Behälter lagern. Ein Gläschen Wasser, 2–3 Scheiben frisches Brot oder ein Apfelstück bewirken Wunder.

Bröseliger Teig Wenn Ihr Plätzchenteig zu bröselig ist, Sie aber keine Feuchtigkeit mehr zugeben wollen, lassen Sie ihn eine ½ Stunde unter einem feuchten Tuch stehen.

Teig klebt an der Hand Die Hände in kaltem Wasser waschen. Oder Eiswürfel in den Händen jonglieren, solange Sie es aushalten. Anschließend wird der Teig nicht mehr kleben.

Teig klebt am Nudelholz Das Nudelholz 10 Minuten in den Gefrierschrank legen.

Plätzchen laufen beim Backen nicht so auseinander, wie Sie es wollen Nehmen Sie etwas Kaltes, Glattes, und drücken Sie jedes Plätzchen mit einer kreisenden Bewegung flach – mit einem in kaltes Wasser getauchten Löffel oder einem Eiswürfel, in ein glattes Tuch gewickelt.

Plätzchen laufen beim Backen auseinander, wie sie es nicht wollen Läuft der Teig auseinander, ist meist das Blech zu warm. Bei der nächsten Ladung das Blech umdrehen und kaltes Wasser darüber laufen lassen (braucht nicht abgetrocknet zu werden), dann die Plätzchen auf der richtigen Seite auslegen und backen.

Kleben am Blech Das Blech über eine heiße Flamme oder Kochplatte halten. Oder das Blech heiß aus dem Ofen sofort in ein Handtuch wickeln und 5 Minuten stehenlassen. Manchmal hilft auch, sie mit einem eingefetteten Spachtel abzulösen.

Pudding

Haut bildet sich 1 Teelöffel Zucker über die Oberfläche streuen, oder Butterbrotpapier darauf, auskühlen lassen und dann abnehmen.

Quiche

Schwammige Kruste   Der Grund dafür ist meist der Gebrauch von nassen Gemüsen oder solchen mit viel Feuchtigkeit (gekochte Zucchini zum Beispiel). Die Kruste vor dem Servieren abschneiden. Die meisten Leute merken es nicht, sie sind viel zu höflich, etwas zu sagen, oder glauben, es wäre Absicht.

Radieschen, Rettich

Welk, weich, schwammig 2 bis 3 Stunden in Eiswasser legen. Nach Belieben 1 Teelöffel Essig oder den Saft 1 Zitrone beigeben.

Räucherlachs

Nicht geschnitten Sie machen das Paket auf und stellen fest, das Zeug ist nicht geschnitten, und Sie sind der Welt unbegabtester Lachsschneider. (Kopf hoch! Sie sind nicht allein.) Schneiden Sie die Haut weg, ziehen Sie, falls nötig, die Restgräten mit einer Pinzette heraus, und dann jagen Sie den Fisch in Streifen geschnitten durch den Wolf. Mit etwas Zitronensaft, Dill und Crème fraîche verrühren, jetzt haben Sie eine herrliche Lachscreme als Vorspeise. Beim nächsten Mal lesen Sie im Geschäft, was auf der Verpackung steht.

Reis

Kocht über Blasen hilft für kurze Zeit, auf längere Sicht eher 1 Stück Butter, das schmeckt auch noch gut.

Angebrannt Sobald Sie feststellen, daß Sie den Reis wieder einmal angebrannt haben, Herd ausschalten, Topf von der Platte nehmen, einen Brotkanten auf den Reis legen, Topf zudecken und 5 Minuten warten. Danach sollte der verbrannte Geschmack praktisch weg sein. Servieren Sie den Reis Ihren Freunden, das Brot Ihren Feinden.

Kalt Reis läßt sich am besten in einem Sieb über kochendem Wasser aufwärmen. (Das Sieb darf das Wasser nicht berühren.)

Nicht weiß genug Sind Sie sicher, daß es kein brauner Reis ist? Ja, ja, war nur eine Frage. 1 Teelöffel Zitronensaft ins Kochwasser, der Reis wird weißer.

Zu viel In Suppen, Aufläufen, Salaten verwenden. Oder Sie machen mal etwas ganz anderes:

»Debra's Reisfritten«
½ Päckchen Trockenhefe
½ Tasse sehr warmes Wasser
1½ bis 2 Tassen lauwarmen gekochten Reis
3 Eier verquirlt
1 Tasse Mehl
¼ Tasse Zucker
½ Teelöffel Salz
¼ Teelöffel Zimt
Puderzucker
Schlagsahne
Die Hefe im Wasser auflösen. Mit dem Reis mischen. Zudecken und über Nacht in den Kühlschrank. Am nächsten Tag Eier, Mehl, Zucker, Salz und Zimt zugeben, gut durchrühren und nochmal 1 Stunde ziehen lassen, diesmal bei Zimmertemperatur. Die Mixtur teelöffelweise in schwimmendes heißes Fett tropfen. Als Beilage zu Schinken oder Huhn servieren, oder mit Puderzucker bestreuen und mit Schlagsahne als Dessert servieren.

Gart ungleichmäßig Wenn der Reis unten im Topf schon gar ist, die obere Schicht aber noch roh, dann entweicht zuviel Dampf. Den Reis einmal gut durchrühren und den Topf entweder mit Folie oder einem Frottéehandtuch abdecken (bitte, bitte, die losen Enden übereinanderschlagen, außer Sie möchten flambiertes Handtuch servieren), Deckel wieder drauf und weiterkochen.

Rhabarber

Zu sauer Rhabarber ist einfach immer zu sauer, finden einige unter uns. Wollen Sie das ohne Unmengen von Zucker korrigieren, schneiden Sie den Rhabarber in Stücke und lassen Sie ihn 3 Minuten in heißem Wasser mit einer Prise Salz ziehen.

Roastbeef

Schwer zu schneiden Wenn Sie das Roastbeef aus dem Ofen nehmen, erst einmal 15 Minuten ruhenlassen. Die Säfte werden sich setzen, dann wird es beim Schneiden nicht so leicht auseinanderfallen.

Wird nicht braun Dampf verhindert das Bräunen. Unter dem Deckel wird mehr Dampf entwickelt, also ohne Deckel braten, am besten in einer flachen Bratform.

Zu wenig Das Fleisch so dünn wie möglich schneiden (vielleicht hat die Nachbarin eine Schneidemaschine), wie Carpaccio auslegen oder auf Toast mit Sauce und gehacktem Salat servieren. Sie haben Ihr »Erste-Hilfe-Set« griffbereit? Dann Hollandaise mit etwas Estragon zubereiten und kleingehackte Gürkchen daruntermischen und über das Fleisch.

Angebrannt Die verbrannten Stücke abschneiden und den Rest in dünne Scheiben schneiden. Sie werden wahrscheinlich trocken und zäh sein, da brauchen wir wieder eine Sauce: Tomatenmark mit etwas Brühe und Sahne, oder Löwensenf mit Sahne und grünem Pfeffer erhitzen und schon haben Sie eine gute Sauce. Oder die Thai-Chilisauce mit Gurkenwasser vermischen (1 zu 1), ein bißchen Olivenöl darübergießen und das Ganze als mariniertes Fleisch servieren.

Zu roh   Meist sind die äußeren Stücke schon genießbar, während in der Mitte noch Graf Draculas Schönstes fließt. Die äußeren Stücke zuerst servieren, und während die erste Portion verdrückt wird, das Mittelstück weiterbraten lassen, bis es richtig durch ist.

Zu zäh   Sie mußten ja unbedingt warmes Roastbeef servieren! Unglücklicherweise entdeckt man meist erst bei Tisch, daß das Fleisch zu zäh ist, nämlich dann, wenn man, außer es dünn zu schneiden, nichts mehr machen kann. Haben Sie genug Eßbares auf dem Tisch – dann ziehen Sie das Fleisch zurück. Servieren Sie es ein andermal sehr dünn geschnitten. Oder lassen Sie es als Boeuf Bourguignon wieder auferstehen.

Rosenkohl

Fällt auseinander   Jedes Röschen vor dem Kochen mit einem scharfen Messer kreuzweise am Strunk einschneiden (da, wo das Ding aus dem Rosenkohlbusch, oder wo immer die Dinger wachsen, herauskommt).

Verkocht   Lange Zeit galt, daß ein Rezept für verkochten Rosenkohl genauso ein Ding der Unmöglichkeit sei wie der Bau eines Perpetuum mobile. Wir haben die V. R. (Verkochter Rosenkohl)-Schranke überwunden!

»Rosenkohlgratin«
Verkochter Rosenkohl
1 Eßlöffel Öl
2 Eßlöffel Essig
1 Eßlöffel brauner oder weißer Zucker
½ Tasse Sojasauce (oder ¼ Teelöffel Salz)
½ Tasse weiche Brotbrösel
¼ Tasse geriebener Parmesan
Die verkochten kleinen Luder so behutsam wie möglich absieben. Inzwischen Öl, Essig, Zucker und Sojasauce

mischen und in einer Kasserolle zum Kochen bringen. Eine Schicht weiche Brotbrösel, etwa 1 ½ Zentimeter dick in einer Backform verteilen. Die Röschen auf die Brösel legen, die Sauce darübergießen, mit Brotbröseln und Parmesan bestreuen. Dieses Gericht können Sie bei 150 Grad im Ofen warmmachen. Aber nicht zu lange warten, verkocht ist das Zeug nämlich schon.

»Rosenkohlpüree«
Die zweite Möglichkeit ist, die Matschröschen zu pürieren, im Verhältnis 1 zu 1 mit fertigem Kartoffelbrei mischen, ein Klacks Sahne dazu, mit Salz, Pfeffer und etwas Muskatnuß würzen, und Ihr Gourmet-Püree ist fertig.

Rosinen

Verschrumpelt Mit kochendem Wasser übergießen, ein paar Minuten ziehenlassen und schon werden die Rosinen glatt. Oder mit Wasser und Rum (oder Sherry) kurz aufkochen und stehenlassen. Moment mal, Rosinen sollen doch schrumpelig sein, oder? Schon gut.

Kleben zusammen Legen Sie den Rosinenklumpen ein paar Minuten bei 180 Grad in den Backofen, dann werden sie sich wieder trennen.

Sinken ab Beim Backen und in Puddings passiert es oft, daß alle Rosinen auf den Boden sinken. Das kann man verhindern, wenn man sie vor dem Einrühren mit Mehl bestäubt.

Rote Bete

Fade 1 Prise gemahlene Nelken oder Piment ins Kochwasser. Oder Kerbel (etwa ¼ Tasse pro Portion). Oder die gekochten Dinger mit Dill oder Senfkörnern oder

Kümmel bestreuen. Experimentieren Sie auch mit anderen Gewürzen, rote Rüben sind sehr anpassungsfähig.

Verfärben sich   1 Eßlöffel Zitronensaft oder Essig ins Kochwasser. Das nächste Mal machen Sie das von Anfang an, für alle Fälle, es kann nie schaden.

Schwer zu schälen   Mit Wasser aufsetzen, 15 Minuten kochen lassen, Enden abschneiden, die Schale sollte sich jetzt leicht abziehen lassen. (Bitte, wenn Sie mit Rote Bete hantieren, immer Einmalhandschuhe anziehen, sonst sehen Ihre Hände aus wie die eines Massenmörders.)

Zu wenig   Rote Bete läßt sich wunderbar mit Salaten kombinieren. Außerdem ist das Grün der Rüben durchaus eßbar, separat kochen und mit gekochter, gewürfelter Rote Bete mischen und dann als Salat anmachen. Eine andere Möglichkeit ist, rohe Rote Bete über den Salat raspeln. Sieht todschick aus.

Alt   1 Prise Zucker, 1 Prise Salz und 1 Schuß Essig ins Kochwasser. Das erstere gibt ihnen ihre natürliche Süße zurück, das andere hilft, Farbe und Aroma zu bewahren.

Versalzen   Wenn eingelegte Rote Bete zu salzig sind, 10 Minuten in klares Wasser legen, absieben und in frischem Wasser lagern.

Zu viele   Natürlich können Sie sie einlegen, oder, noch besser, Sie überraschen alle mit dieser pflegeleichten Borschtsch:

»Tatjanas Borschtsch«
1 Pfund gewürfeltes Rindfleisch
1 Päckchen Gemüsesuppe oder gekörnte Brühe
2 Teelöffel frischer Dill oder 1 Teelöffel getrockneter

Sauerrahm zum Garnieren
1 gekochte Kartoffel pro Person
Gekochte Rote Bete
Die Gemüsesuppe mit der doppelten Menge Wasser zubereiten. Das Fleisch 1½ Stunden bis 2 Stunden in der Brühe dämpfen. So lange, bis es zart ist. Die Rote Bete und den Dill zugeben und 10 Minuten weiterkochen. Mit Sauerrahm garniert servieren. Eine gekochte Kartoffel auf jeden Teller, und Sie haben eine richtige Mahlzeit.

Salat siehe **Grünzeug**

Saucen

Geronnen Sofort vom Herd nehmen. Bei empfindlichen
Saucen (wie Hollandaise) 1 Eiswürfel hineinwerfen, um
weiteres Kochen zu verhindern. Mit einem Schneebesen
gut durchschlagen (Eiswürfel sollte vorher heraus), falls
nötig, die Sauce durch ein Sieb seihen. Bei anderen Saucen: Versuchen Sie, ein bißchen Sahne zuzugeben, dann
weiterkochen. Beim nächsten Mal sollten Sie die Sauce
im Wasserbad zubereiten und 1. die Zutaten, die gerin-
nen können (Eier, Sahne, Sauerrahm) nur bei Zimmertemperatur zugeben und 2. erst kurz vor dem Servieren.
Achtung: Feuchtes Wetter läßt Saucen leichter gerin-
nen.

Fett Die Sauce kühlen, Fett abschöpfen, aufwärmen.
Schneller geht es, wenn Sie ein paar Eiswürfel hineinwerfen, warten, bis sich das Fett auf ihnen festsetzt und sie
dann herausnehmen. Ein auf der Oberfläche plaziertes
Papierhandtuch saugt die letzten Reste auf. Vielleicht
sollten Sie sich eine von diesen Saucieren mit fett-und-
mager-Ausguß anschaffen. Gibt es in den meisten Kü-
chenläden.

Klumpig Die Sauce durch ein Sieb drücken, wenn es
geht. Wenn nicht, mit einem Schneebesen durchschlagen. Technik (Handmixer, Mixer) bitte nur in allergröß-
ter Not verwenden.

Nicht genug Jetzt kommen die Brühwürfel im Eiswürfelfach (siehe Eiswürfel) zum Einsatz. Cremesuppen können Sie mit Sahne, Crème fraîche oder Sauerrahm strecken. Joghurt geht auch, oder das Kochwasser von Gemüse. Wenn es paßt, geht auch 1 Dose von irgendeiner anderen passenden Cremesuppe. Für alle Fälle sollten Sie immer 1 bis 2 Gläser mit Fond im Haus haben. Am besten Kalbs- und Geflügelfond, damit lassen sich wahre Wunder vollbringen. (Haben wir uns etwa wiederholt?) Ein ganz einfacher Trick bei Mangelwirtschaft ist, das Gericht und die Sauce gleich in der Küche auf den Tellern anzurichten, keiner wird die Saucenmenge beanstanden.

Nicht edel genug 1 Stück Butter kurz vor dem Servieren, und die Sauce schmeckt nach Luxus.

Versalzen Das einzig sichere Mittel dagegen ist, die Menge zu vergrößern. Ein paar Prisen brauner Zucker helfen manchmal auch.

Zu dünn Es gibt ebenso viele Verdickungsmittel (Mondamin usw. usw.) wie Saucen. Das Allheilmittel aber ist die Zeit. Weiterkochen, bis ein Teil der Flüssigkeit verdampft ist, die Sauce wird sich unweigerlich verdicken. Bei einigen französischen Rezepten muß man sogar 90 Prozent der Flüssigkeit verdampfen lassen. Es soll da angeblich ein Geheimrezept für eine berühmte Sauce geben, das wie folgt beginnt: »1 Ochse auf 1 Tasse reduzieren.«

Sauerrahm

Haben keinen, brauchen welchen Sahne mit etwas Zitrone tut es auch.

Schinken

Rollt sich beim Grillen   Den Fettrand alle 3 Zentimeter einschneiden. Nur das Fett rollt sich, nicht das Fleisch.

Salzig   In Scheiben schneiden. Die Scheiben 15 bis 30 Minuten in Milch einweichen, dann mit kaltem Wasser abwaschen. Das ändert nichts am Geschmack, nimmt aber das Salz.

Schlagsahne

Alt   1 Messerspitze Natron vor dem Schlagen in die Sahne

Schwer zu schlagen   Die Sahne und die Schüssel und die Quirle in den Kühlschrank. Wenn das nicht hilft, gibt es verschiedene Möglichkeiten: 1 ungeschlagenes Eiweiß mitschlagen, 3 oder 4 Tropfen Zitronensaft, eine Prise Gelatinepulver oder eine Prise Salz.

Haben keine, brauchen welche   1 zerdrückte Banane mit einem steif geschlagenen Eiweiß verrühren und Zukker nach Geschmack dazugeben. Paßt fast zu allem.

Trennt sich, gerinnt   Daraus wird nie mehr Schlagsahne, aber wenn Sie noch ein bißchen weiterschlagen, kriegen Sie köstliche hausgemachte Butter. Weiterschlagen bis sie fest wird. Flüssigkeit abgießen. Kaltstellen, bis sie hart ist. Durchkneten, damit die restliche Flüssigkeit herausgeht.

Soll lange gut aussehen   1 Teelöffel Gelatine in heißer Milch auflösen und in die bereits geschlagene Sahne unterschlagen.

Schokolade und Kakao

Haut auf dem Kakao   Mit einem kalten Löffel entfernen und ein Marshmallow obendrauf. Dann gibt es keine Haut mehr.

Haben keine Schokolade, brauchen welche   3 Eßlöffel Kakao plus 1 Eßlöffel Biskin ersetzen 1 Rippe Blockschokolade.

Wird beim Kochen hart   Wassertropfen, hohe Temperaturen und Launen der Schokolade lassen manchmal Schokolade im Topf hart werden. Dagegen hilft ein Teelöffel Pflanzenfett, eventuell mehr beigeben, bis die gewünschte Konsistenz erreicht ist. Da Butter Wasser enthält, funktioniert es mit ihr nicht so gut.

Klebt im Topf   Leider gibt es dagegen kein Mittel. Nächstes Mal den Topf leicht einfetten oder im Wasserbad arbeiten.

Sirup

Kristallisiert   Vorsichtig im Wasserbad erwärmen, dann wird er wieder flüssig. Oder den Sirup 90 Sekunden pro Tasse auf höchster Stufe in der Mikrowelle erhitzen.

Soufflé

Will nicht aufgehen (oder geht auf und fällt dann zusammen)   Sie sind selbst schuld, ein so ehrgeiziges Gericht servieren zu wollen, wenn Gäste kommen! Wahrscheinlich schmeckt das Unglück noch genauso gut (oder besser, denn bei der Arbeit an diesem Buch haben wir ein köstliches zusammengefallenes Schokoladensoufflé produziert), aber Sie sind nun mal ein Augenmensch. Ein

115

mißlungenes salziges Soufflé können Sie vom Blech nehmen, mit Käse bedecken und unter den Grill stecken. Nennen Sie es Frittata. Oder decken Sie es einfach mit einer geschmacklich passenden Sauce zu. Ein süßes Soufflé kaschieren Sie am besten mit Schlagsahne und/oder einer Fruchtsauce. Traditionelle Soufflés gehen kein zweites Mal auf, wenn man sie aufwärmt. Es gibt Rezepte für zweimal aufgehende Soufflés, aber wir haben keine Lust, uns 3 Seiten lang darüber auszulassen, weil wir das Gefühl haben, das ist mehr eine Frage des Egos als des Gaumens. Nächstes Mal backen Sie das Soufflé bitte auf der niedrigsten Schiene Ihres Backofens, weil es in den meisten Backöfen unten heißer ist, und das Soufflé, wenn es aufgeht, oben nicht gegen den Ofen knallt.

Wird oben zu schnell braun Machen Sie dem Ding einen »Foliendeckel«. Sie müssen die ungefähre Größe erraten, weil Sie den Ofen nicht zehnmal aufmachen sollten, bis es fertig ist. Die Folie sollte etwa 6 Zentimeter breiter sein als das fertige Soufflé. Rundherum aufbiegen (etwa 3 Zentimeter) und die Innenseite leicht einölen. Den Ofen rasch öffnen, die Folie mit der geölten Seite nach unten auf das Soufflé schieben, weiterbacken. Ein Krönchen kriegt es, wenn Sie unmittelbar vor dem Bakken, etwa 1 Zentimeter vom Rand mit dem Messer durch die Mischung fahren. Die Messerspitze sollte dabei den Boden der Form nicht berühren.

Spargel

Fade Brühwürfel ins Kochwasser.

In der Schachtel festgefroren Ein bißchen kaltes Leitungswasser in die Schachtel laufen lassen. Der Spargel sollte sich sofort lösen.

Nicht genug Mit dem folgenden Rezept können Sie Ihren ärmlichen Spargelvorrat kräftig anreichern:

»Tante Helenes überbackener Spargel«
2 Tassen weiße Sauce (aus dem Päckchen oder selbstgemacht)
1 Teelöffel Worcestersauce
¼ Teelöffel Pfeffer
⅓ Tasse irgendeinen Käse
oder 3 Eßlöffel Sherry
oder 1 Eßlöffel Zwiebelpulver
oder 1 Eßlöffel frisch geriebene Zwiebel
1 oder 2 Scheiben Toast
Paprika
Den Backofen auf 200 Grad vorheizen. Alles bis auf die letzten 2 Zutaten zur Sauce verrühren. Den Spargel abtropfen und in eine Backform legen. Die Hälfte der Sauce über den Spargel gießen. Den Toast zerrupfen und auf den Spargel legen, die übrige Sauce darübergießen. Mit Paprika bestreuen und 15 Minuten bakken.

Verkocht Wenn Sie keine Zeit haben, aber 1 Dose von irgendeiner Cremesuppe, hacken Sie den verkochten Spargel klein und kombinieren Sie ihn mit der Suppe. Das Ganze als ersten Gang servieren. Wenn Sie 1 Stündchen Zeit haben, hier ist eines der besten Rezepte der Welt für verkochten Spargel:

»Timbale d'Asperges«
1 bis 2 Tassen verkochter Spargel
½ Tasse gehackte Zwiebel
¼ Teelöffel Salz
Prise Muskatnuß
große Prise weißer Pfeffer
½ Tasse geriebener Käse (vorzugsweise Emmentaler)
⅔ Tasse Brotbrösel (vorzugsweise alte)
2 Eier
1 Tasse Milch

Die Zwiebeln 5 Minuten schmoren. In eine große Schüssel geben. Salz, Muskat, weißen Pfeffer, Käse und ⅓ Tasse Brotbrösel dazugeben. Die Eier unterziehen. Die Milch zum Kochen bringen und in die Mischung schlagen. Den verkochten Spargel in die Mischung pürieren. Eine 2-Liter-Backform fetten. Mit ⅓ Tasse Brösel bestreuen. Die Form in ein sehr heißes Wasserbad stellen und die Mischung hineingießen. Auf der untersten Schiene des Ofens 40 Minuten lang backken. (Das Wasser im Wasserbad sollte sieden.) Das Timbale ist fertig, wenn Sie mit dem Messer reinstechen und Sie es sauber wieder herausziehen. Auf einer warmen Platte, entweder mit einer schlichten oder einer interessanten Sauce, wie Sauce Mousseline, servieren. Diese besteht aus Hollandaise zuzüglich kühler Sahne (½ Tasse auf 1½ Tassen Hollandaise).

Zuviel Alles kochen, kaltstellen und morgen zum Beispiel folgendes Rezept ausprobieren:

»Salat Paddington«
Gekühlter Spargel
Salat
Grüner oder roter Paprika (oder Tomaten)
Zitronensaft
Salatöl
Salz oder Sojasauce
Sesam
Den gekühlten Spargel (Sie haben ihn doch kaltgestellt, oder?) schneiden und mit Salat und Paprika mischen. Mit Zitronensaft anmachen. Salz oder Sojasauce dazu. Mit ¼ Tasse Sesamkörner, die bei 180 Grad auf einem Backblech 5 Minuten lang geröstet wurden, bestreuen, dann servieren.

Stärkemehl

Haben keines, brauchen welches Für die meisten Zwecke kann man es durch die doppelte Menge Mehl ersetzen.

Steak

Rollt sich Den Fettrand in 3 Zentimeter Abständen einschneiden und wenden. Später können Sie es noch einmal wenden.

Zu stark durch Weiterbraten, bis es total verkohlt ist, und dann ihren Kindern als Malkohle geben. Die realistischere Lösung wäre, Ihren Fehler (und das Steak) unter folgender scharfen Sauce zu kaschieren.

»Steaksauce Uruguay
Für etwa 2 Pfund Steak:
⅓ Tasse gehackter grüner Paprika
2 Eßlöffel Olivenöl
⅔ Tasse gewürfelte Tomaten
1 Teelöffel Salz
⅛ Teelöffel Chilis
⅔ Teelöffel Rosenpaprika
⅔ Tasse gemahlene Erdnüsse
1 Tasse Hühnerbrühe
¼ Tasse Sauerrahm oder Crème double
Zwiebel und Paprika 5 Minuten in Olivenöl schmoren. Tomaten, Salz, Pfeffer, Chili und Paprika dazu und weitere 5 Minuten schmoren. Die Erdnüsse daruntermischen und 30 Minuten köcheln lassen. Die Sahne einrühren und alles über das Steak gießen.

Gegen Zähigkeit Vorher klopfen oder mit der Gabel einstechen.

Suppen

Fade In Ihrem Haushalt sollten auf keinen Fall eine gute Fertigbrühe und Hühnersuppenextrakt fehlen. Es gibt auch gekörnte Brühe für Vegetarier oder wahlweise Bierhefeflocken. Damit können Sie jede fade Suppe genießbar machen. Versuchen Sie aber zuallererst, ein bißchen nachzusalzen, meist liegt es nur daran. Im Anschluß finden Sie eine Liste von Gewürzen und dazu die jeweiligen Suppen, die Sie damit aufpeppen können:

Basilikum: Gemüse, Gemüsesuppe, Minestrone, Tomaten, Tomatensuppe

Estragon: Tomaten, Gemüse und Meeresfrüchte

Ingwer: Karottencreme, Kürbiscreme

Kerbel: Tomaten und Spinat

Kreuzkümmel: eine Prise für Hühnercreme, Fisch, Erbsen

Lorbeerblatt: in alle Fleischsuppen, Gemüse, Kartoffel, Minestrone, Tomaten

Majoran: Spinat, Muschel und Zwiebel (½ Teelöffel pro 4 Portionen)

Muskatblüte: 1 oder 2 Prisen auf 4 Tassen Consommé

Muskatnuß: Wirsing, Blumenkohl, Spargel, Brokkoli, Lauchcreme

Oregano: Tomaten, Bohnen, Mais und Erbsen (5 Minuten vor dem Servieren zugeben)

Piment (ganz): Erbsen, Gemüse, Hühner, Tomaten, Rinder

Rosmarin: Hühner, Erbsen, Spinat, Kartoffel und Fisch

Salbei: Cremesuppen und Chowder

Sesam: Erst vor dem Servieren darüberstreuen

Thymian: Hühner, Zwiebel, Kartoffel, Tomaten und Meeresfrüchte, Gumbo, Borschtsch (½ Teelöffel 10 Minuten vor dem Servieren zugeben)

Sie könnten auch die Suppe in Ruhe lassen und etwas Interessantes in die Teller geben: gewürzte Croutons, 1 Löffel Crème fraîche oder Sauerrahm. Kringel aus Tomatenmark, Sherry, Wodka (zu Tomatencreme – mmh!)

Brühe ist trüb Eierschalen zugeben. Bitte vor dem Servieren herausnehmen. Eiweiß tut es auch, allerdings muß man dann die Suppe durchseihen, um das Eiweiß wieder herauszufischen zu können.

Zu fettig Wenn Sie die Zeit haben, Suppe in den Kühlschrank, nach ein paar Stunden läßt sich das Fett abnehmen. Wenn Sie keine Zeit haben, das Fett mit einem Schöpfer abnehmen oder einen Fettsammler treiben lassen. Salatblätter, Fließpapier, Küchenkrepp eignen sich wunderbar. Eine weitere schnelle Technik ist die Anfertigung eines Fettmagneten: Ein paar Eiswürfel in ein Frotteehandtuch wickeln und damit über die Suppe streichen, das Fett bleibt unweigerlich kleben. Ein Schöpfer voller Eiswürfel hat dieselbe Wirkung.

Brühe zu hell Schon wieder! Also, wenn Sie das nächste Mal Suppe aufsetzen, 1 Zwiebel mit Schale halbieren, die Schnittflächen kräftig in der Pfanne oder auf einem Blech im Rohr anbräunen, in die Suppe werfen und mitkochen. Färbt und schmeckt auch noch gut. Wenn es immer noch ein Problem ist, ein paar Tropfen Sojasauce hinein, die färbt besonders schön.

Nicht genug Anstatt zu strecken, versuchen Sie es doch einmal mit Small is beautiful: einfach kleinere Portionen servieren. Und machen Sie die Suppe pikanter, zum Beispiel mit Tacosauce bei Tomaten- oder Hühnersuppe. Wenn es wirklich mehr sein muß: Tomatensuppe läßt sich wunderbar mit Fertigbrühe und Tomatenmark strecken. Oder Sie machen Tomatencremesuppe: Mehlschwitze mit derselben Menge kalter Milch wie Tomatensuppe aufgießen, mischen.

121

Zu salzig Die sicherste Lösung ist, mehr Flüssigkeit zuzugeben. Aber wenn das nicht sein soll, dann versuchen Sie folgende 3 Techniken: 1. Machen Sie Tomatensuppe draus: 1 Dose geschälte Tomaten zugeben. Sie nehmen Salz auf. Wenn es eine klare Brühe ist, die Tomaten vorher durch den Mixer jagen. Tomatenbrühe schmeckt köstlich, wenn Sie ein paar Croutons oder Mozzarellawürfel dazu servieren. 2. Ein paar Prisen brauner Zucker hilft auch in Maßen. 3. Eine rohe Kartoffel hineinhobeln und die Suppe weiterkochen, bis die Stücke glasig sind. Kartoffeln absorbieren etwas von dem Salz. Es gibt Skeptiker, die fragen: Wenn es so leicht ist, Salz aus einer Flüssigkeit zu ziehen, warum entsalzen wir dann die Meere nicht? Unsere Antwort lautet sehr präzis: weil wir dazu 488.391.000.000.000 gehobelte Kartoffeln brauchen würden.

Zu viel Praktisch im Gegensatz zur Meinung aller läßt sich Suppe auch ohne Einfrieren fast grenzenlos aufbewahren, falls Sie bereit sind, dafür zu arbeiten. Fast jede Suppe hält sich in einem geschlossenen Gefäß im Kühlschrank 1 Woche. Wenn Sie eine besonders gute Suppe haben, die Sie länger aufbewahren wollen: alle 2 Tage herausnehmen und aufkochen lassen, dann hält sie 1 Jahr. Brühe können Sie im Eiswürfeltablett einfrieren und die einzelnen Würfel dann zum Strecken von Saucen und zum Würzen verwenden.

Zu dünn Sehen Sie erst einmal unter Saucen nach, da gibt es ein paar nützliche Tips. Mondamin hilft immer. Gebrauchsanweisung beachten. Weiche Butter mit derselben Menge Mehl verkneten und einrühren. Solange, bis die Konsistenz stimmt. Bei Erbsen- und Bohnensuppe: 1 Teelöffel Essig (beeinflußt den Geschmack nicht). 1 Eidotter mit 1 Eßlöffel Sahne oder Sherry verquirlt, mit etwas heißer Suppe vermischt und kurz vor dem Servieren eingerührt, bringt es auch.

Tee

Trüb Bei heißem Tee helfen ein paar Scheiben Zitrone in der Kanne. Bei Eistee etwas kochendes Wasser einrühren.

Tomaten

Zu sauer Manchmal schmecken Büchsentomaten zu sauer. 1 Teelöffel Zucker pro Kilo hilft dagegen.

Fade Haben Sie wieder dieses holländische Zeug gekauft? Die aus der Büchse sind im Winter wesentlich besser. Ansonsten etwas Tomatenmark dazu. (Bitte nur, wenn das Gericht gekocht ist!)

Grün Grüne Tomaten reifen, wenn man sie in Zeitungspapier wickelt und an einem kühlen Ort aufbewahrt. (Dauert aber 4 bis 5 Tage.) Dann wär es doch besser, Sie machen eingelegte grüne Tomaten (siehe jedes gute Kochbuch) oder versuchen folgendes:

»Scott's Fried Tomatoes«
Grüne Tomaten in dicke Scheiben geschnitten
½ Tasse Maismehl
½ Teelöffel Thymian
1 Eßlöffel brauner Zucker
Butter
Salz und Pfeffer
Die Scheiben salzen und pfeffern. In einer Mischung aus Maismehl, Thymian und braunem Zucker wenden. In Butter bräunen. Besonders gut zu Lamm.

Schwer zu schälen Kochendes Wasser darübergießen und 3 Minuten stehenlassen.

Alt Wenn Ihre frischen Tomaten allmählich in die Jahre, pardon Tage kommen, mit dem Stiel nach unten lagern. So halten sie länger.

Zu viele Kerne Sie möchten vielleicht die Kerne vor dem Kochen entfernen, da sie Suppen und Saucen bitter machen können. Die Tomate halbieren und die Kerne mit der Messerspitze entfernen. Bei Eiertomaten ein Ende abschneiden und am anderen Ende drücken.

Zu viele Strunk wegschneiden, halbieren, in den Mixer werfen, gut durchwirbeln, bis es ein Püree ist, und dann einfrieren. Die nächste Tomatensauce ist schon gerettet. Oder wie wär es mit einer hausgemachten Bloody Mary? 1 Tomate, 1 Stamperl Wodka, 1 Spritzer Worcester, 1 kräftiger Spritzer Zitrone, 1 Spritzer Tabasco in den Mixer geben und auf höchster Stufe wirbeln lassen, bis es trinkbar ist. Ganze Tomaten bitte nie einfrieren!

Würste

Bratwürste explodieren nicht, wenn man sie vor dem Braten
mit der Gabel ansticht.

Zitrone

vertrocknet, alt, nicht saftig Die Zitrone etwa 5 Minuten in Wasser kochen, im Kühlschrank auskühlen lassen, und sie wird sehr saftig. (Ohne Kühlschrank geht es auch.) 5 Minuten bei 180 Grad im Backofen oder 15 Sekunden auf höchster Stufe in der Mikrowelle haben denselben Effekt. Die Zitrone mit etwas Druck hin- und herrollen hilft auch, bewirkt aber nicht so viel Saft.

Spritzt Den augenblicklichen Rekord im Zitronenspritzen hält eine Dame aus Nashville, Tennessee. Ihr Strahl spritzte stattliche 12½ Meter über die gesamte Breite des Tanzbodens des Gilde Gazebo Supper Clubs. Wenn Sie in der Richtung keine Ambitionen haben, spießen Sie Ihr Zitronenviertel mit der Gabel auf und drücken Sie es über der Gabel, im Schutz ihrer Hand, aus. Oder kaufen Sie sich eine der netten kleinen Pressen für Zitronenscheiben.

Zucchini

Verkocht und schwammig Das war's. Hilft nur noch Vorwärtsstrategie: weiterkochen, bis alles wirklich weich ist. Sie machen jetzt Zucchinicremesuppe. Eine Tasse gut gewürzte weiße Sauce mit einem kräftigen Schuß Sherry zubereiten, Zucchini im Mixer pürieren und unter die weiße Sauce mischen. Mit Zucchiniwasser strecken, abschmecken, fertig. Mit etwas Muskatnuß und einem Klacks Crème fraîche servieren.

Zu wenig Mit dem Gurkenhobel Scheiben machen, blanchieren und unter den Salat mischen. Wenn sie schon gekocht sind, kann man sie noch mit geschälten Tomaten aus der Dose strecken. Das nächste Problem kommt eigentlich wesentlich häufiger vor.

Zu viel Warum glaubt jeder Hobbygärtner, daß sich Köche über Zucchini freuen? Und meist sind es auch noch die Monster, mit denen man eigentlich nur auf der Bundesgartenschau Furore machen kann, denn sie schmecken in der Regel wie Pappe. Aber wenn Sie wieder einmal knietief in Zucchini stehen, versuchen Sie doch Zucchinibrot. Es läßt sich wunderbar einfrieren, hält sich 1 Jahr im Gefrierschrank und paßt wunderbar zu heißen Getränken an kalten Tagen.

»Zucchini-Adieu-Brot«
1 Tasse geraspelte Zucchini
1½ Tassen Mehl
1 Tasse braunen Zucker
2 Teelöffel Zimt
1 Teelöffel Küchennatron
1 Teelöffel Backpulver
½ Teelöffel Salz
2 Eier verkleppert
½ Tasse Pflanzenöl
1 Teelöffel Vanilleextrakt oder -zucker
Nach Belieben 1 Tasse gehackte Nüsse oder ½ Tasse Rosinen oder Stückchen anderer Trockenfrüchte und ½ Tasse Nüsse
Den Ofen auf 220 Grad vorheizen, eine eckige Backform einfetten. Die trockenen Zutaten mischen. Die Zucchini und die Zutaten, falls gefragt, zugeben und mischen, bis alles gut verteilt ist. Die Eier, das Öl, Vanille in einer kleinen Schüssel verrühren und dann schnell unter die Masse heben. In die Backform geben und auf der mittleren Schiene backen. Nach 1 Stunde nachschauen. Zahnstocher reinstecken, wenn er sauber

herauskommt, ist das Zucchinibrot fertig. (Vor dem Einfrieren erkalten lassen!)

Zucker

Hart, klumpig Hier sind 7 Methoden, die für Abhilfe sorgen. 1. Durch ein Sieb drücken. 2. Mit dem Nudelholz rollern. 3. Im Wasserbad dämpfen. 4. Die Tüte mit Zukker in einen 180 Grad heißen Ofen stellen. Sobald die Tüte warm ist, sollte der Zucker weich und entklumpt sein. 5. Durch den Fleischwolf oder den Mixer jagen. 6. 1 Stück Apfel in die Zuckertüte geben und verschließen. In der Mikrowelle auf höchster Stufe 20 Sekunden pro Tasse Zucker erhitzen. 5 Minuten stehenlassen. Falls nötig, wiederholen. 7. Geben Sie auf, und schmelzen Sie den Zucker bei schwacher Hitze auf dem Herd. Das ergibt guten Sirup. Extrakte wie Vanille, Ahorn oder Karamel dazugeben. Und wie beugt man vor? Sie können Zucker im Kühlschrank lagern und zwar in einem luftdichten Behälter.

Zwiebeln

Tränen Das beste Mittel dagegen ist Kälte. Wenn Sie Zeit haben: die Zwiebeln 10 bis 15 Minuten vor dem Schneiden in den Gefrierschrank legen. Alternativ können Sie die Zwiebeln unter kaltem, laufendem Wasser schälen und schneiden. Den Taucheranzug können Sie im Schrank lassen, nur die Zwiebeln sollen unters Wasser. (Frau Pokorny schwört auf ihre Taucherbrille beim Schneiden. Wasser überflüssig!)

Fallen beim Kochen auseinander Ein X in das Wurzelende einschneiden, das hilft. (Das Wurzelende ist meist flacher und hat einen kleinen dunklen Fleck da, wo die Wurzel war.)

Schwer zu schälen Heißes Wasser lockert Zwiebelschalen. Die Zwiebeln in heißes Wasser legen, je nach Größe, von 10 Sekunden (die kleinen weißen) bis 5 Minuten (die großen braunen), dann in kaltes Wasser tauchen, und die Schale wird buchstäblich abfallen.

Werden ungleichmäßig braun Sie haben ein Rezept, das gebräunte Zwiebeln verlangt, und jetzt sind manche noch weiß und manche schon dunkelbraun. (Steht die Pfanne ganz auf der Platte?) Ein bißchen Zucker darüberstreuen, dann sollten sie gleichmäßig braun werden.

Riechen zu stark Einfach ein paar Nelken in Essig köcheln lassen. Das übertönt alle Zwiebelgerüche in Küche und Haus. Hatten wir schon: Pech für Sie, wenn Sie Nelkenduft nicht mögen.

Zu weich Gekochte Zwiebeln, die zu weich geworden sind, kann man durch kurzes Eintauchen in Eiswasser wieder fest kriegen.

Welk Wenn Frühlingszwiebeln zu welken anfangen, können Sie diese wiederbeleben, indem Sie sie kurzerhand wieder einpflanzen. Stecken Sie einfach die Wurzelenden in die Erde, sie werden Wurzeln treiben und wieder gesund werden. Das funktioniert leider nicht bei anderen Dingen, auch nicht bei menschlichen Wesen.

Anhang

Das Dinner nach dem GAU

Hier ist also nun das sagenhafte Menü aus den Zutaten Ihres Erste-Hilfe-Sets in 2 Varianten. Es reicht für 4 Personen und sollte vom Start bis zum Finish höchstens 20 Minuten Zubereitungszeit erfordern.

Menü
Klare Tomatenbrühe mit Croutons, wahlweise Käsewürfel
Asiatische Nudelpfanne mit Shrimps
Crêpe à la maison

Als erstes rühren Sie den Pfannkuchenteig (können Sie doch, oder?), dann ab damit in den Kühlschrank. Als nächstes öffnen Sie 1 Dose geschälte Tomaten, gleiche Menge Wasser dazu, mit dem Mixer pürieren. Zusammen mit dem Geflügelfond erhitzen, mit Instant-Hühnerbrühe nachwürzen, ein Schuß Tabasco – das wär's. Vor dem Servieren 1 bis 2 Eßlöffel Fertigcroutons in den Teller (oder Käsewürfel, wenn Sie welchen dahaben).

Ist die Suppe fertig, Wasser zum Kochen bringen, die chinesischen Fertignudeln damit überbrühen (siehe Gebrauchsanweisung auf der Packung), danach mit kaltem Wasser abspülen, warmstellen (zum Beispiel zugedeckt in den schwach vorgewärmten Ofen). 1 Dose Sojasprossen (oder eine tiefgefrorene Packung Chinagemüse oder was Sie sonst Ähnliches in Ihren Vorräten haben) öffen, abgießen, mit etwas Öl in eine Pfanne. Shrimps kurz in kaltem Wasser spülen und in die Pfanne. Mit Zitronensaft, Sojasauce, Sherry und etwas Thaisauce würzen. Etwa 4 Minuten köcheln lassen. Vom Feuer nehmen.

Nun die Suppe servieren. Danach die Nudeln in die Pfanne, alles mischen, und wenn es heiß ist, können Sie den zweiten Gang auftischen. Dann dürfen Sie die Gäste kurze Zeit allein lassen. Schließlich bäckt sich Pfannkuchen nicht von allein. Stellen Sie Ihr Backrohr an, um die fertigen Pfannkuchen warmzuhalten. Diese können Sie füllen mit Zucker oder Marmelade oder Likör oder was immer da ist und süß schmeckt. Aufrollen, mit Puderzucker bestreuen und servieren.

Version 2: Die Suppe, wie oben beschrieben. Statt der Croutons kommen die Shrimps und das Gemüse in die Suppe (oder was Sie sonst Geeignetes finden). Danach die Instantnudeln zubereiten (natürlich können Sie auch Spaghetti oder andere Nudeln nehmen). In eine Pfanne 2 Eßlöffel Butter und etwas Olivenöl geben, die Nudeln dazu, alles in eine vorgewärmte Schüssel, das Fläschchen Trüffelöl darüber, durchmischen und sofort servieren. Parmesan und die Pfeffermühle auf den Tisch. Wenn Ihnen zum Dessert die Pfannkuchen zu aufwendig sind: Büchsenobst mit Sahne, aufzubessern mit geriebenen Nüssen, Kokosraspel, Likör oder was Sie finden.

Tips und Tricks
für sonstige Probleme in der Küche

Aluminiumtöpfe

Schmutzig Kochen Sie Apfelschalen in den Alutöpfen, dann lassen sie sich sehr leicht säubern. Es muß sich um irgendein chemisches Wunder der Natur handeln.

Fleckig oder schwarz 2 Teelöffel Weinstein in 1 Liter Wasser 10 Minuten lang kochen. So werden Sie wieder hell.

Angebranntes

Wenn ein Gericht während des Kochens anbrennt, müssen Sie umgehend 3 Dinge beachten:
1. Dafür sorgen, daß das Gericht nicht weiterkocht.
2. Die verbrannten Teile von den unverbrannten trennen.
3. Die unverbrannten Teile, falls notwendig, gegen verbrannten Geschmack behandeln.
Das sieht im einzelnen folgendermaßen aus:
1. Topf oder Pfanne sofort vom Herd nehmen. Einen Behälter, der größer als der Topf oder die Pfanne ist (notfalls nehmen Sie das Spülbecken), mit kaltem Wasser füllen und den angebrannten Topf, die angebrannte Pfanne hineinstellen. Alles muß aber so schnell wie möglich passieren. Vom Herd nehmen hält den Kochprozeß nämlich nicht auf, das kalte Wasser dagegen schon.
2. Vorzugsweise mit einem Holzlöffel alle Zutaten, die nicht kleben, herausfischen und in einen neuen Topf geben. Auf keinen Fall kratzen oder Gewalt anwenden.
3. Das Gericht kosten. Wahrscheinlich wird es nicht verbrannt schmecken, wenn doch, den Topf mit einem

feuchten Tuch abdecken und etwa ½ Stunde stehenlassen. Nochmal kosten, wenn es jetzt noch verbrannt schmeckt, gehen Sie mit Ihren Gästen ins nächstgelegene Restaurant, oder lassen Sie die Kinder Pizza holen.

Aufgetautes

Wenn gefrorene Lebensmittel, die Sie noch gar nicht benötigen, aufgetaut sind, erlassen die meisten namhaften Autoritäten eine wenig hilfreiche Empfehlung: Einmal Aufgetautes darf nicht wieder eingefroren werden. Allenfalls noch kurz im Kühlschrank aufbewahren und so schnell wie möglich verarbeiten. Andernfalls: ab in den Müll!

Angesichts dieses Verbots müssen Sie sich eine entscheidende Frage stellen: Wieviele Gegenstimmen befugter Menschen brauchen Sie gewöhnlich, um sich beeinflussen zu lassen – 1, 10, 100? Gehen Sie in sich!

Wir bieten Ihnen eine namhafte Autorität: Dr. Walter A. Maclinn, Lebensmittelforscher an der Rutgers University.

Er sagt, daß man ohne Probleme wieder einfrieren kann, wenn die Sachen nur angetaut, also nicht völlig aufgetaut sind. Nur die Konsistenz leidet ein wenig. Was zweimal aufgetaut wurde, wird in der Regel etwas weicher als normal sein. Aber, wohlgemerkt, die Päckchen dürfen nur *an*getaut sein. Und sie dürfen mit Sicherheit nicht riechen. Das etwas weiche Bohnenpäckchen kann also jederzeit in den Gefrierschrank, nicht aber die Muschelsuppe, die schon aus der Packung läuft und seltsam riecht.

Wenn das Gemüse aber nun schon mal ganz aufgetaut ist, gibt es ein einfaches Mittel, ohne daß Sie gleich ein fertiges Menü machen müssen: Das Gemüse kurz blanchieren, in Gefrierboxen abfüllen und in den Gefrierschrank damit.

Backofen

Schmutzig Eine Mischung aus Salz und Zimt auf Ausgelaufenes streuen. Das verhindert, daß es im ganzen Haus verbrannt riecht, und man kann anschließend die Reste mit einem Spachtel abheben.

Streikt Es gibt immer wieder diese schrecklichen Augenblicke, in denen uns die Technik im Stich läßt. Die meisten Ofengerichte kann man auch auf der Herdplatte garen. Wenn Sie nicht genügend Platten oder Flammen haben, in Schichten kochen. Wenn etwas nur aufgewärmt oder warmgehalten werden muß, auf den Topf zum Beispiel mit kochenden Kartoffeln setzen.

Temperatur unbekannt Und Sie haben kein Thermometer. Wie kann das nur passieren? Nun ja, der Knopf ist zum Beispiel abgefallen. Das kommt zwar selten vor, aber es gibt einen ganz einfachen Test, den wir Ihnen nicht vorenthalten wollen. Sie heizen den Ofen 15 Minuten lang vor, dann legen Sie ein Stück weißes Papier auf die Mittelschiene. 5 Minuten im Ofen lassen.

blaßbeige: 150 Grad oder weniger
hellbraun: 180–230 Grad
goldbraun: 230–250 Grad
tiefbraun: 250–260 Grad
schwarz: über 260 Grad
Asche: Nicht mal für Pizza verwendbar

Dosen (mit Lasche oder Schlüssel)

Schlüssel fehlt Versuchen Sie es mit einem normalen Büchsenöffner auf der Gegenseite, und schreiben Sie dem Hersteller einen bösen Brief.

Schlüssel bricht auf halbem Weg ab Halten Sie die Dose mit einem Kochhandschuh oder einem Geschirrhandtuch fest, versuchen Sie mit einem Tafelmesser das Blech aufzubiegen, und kratzen Sie den Inhalt heraus. (Wenn Sie das mit bloßen Händen versuchen, legen Sie gleich genügend Pflaster bereit, das spart Zeit.) Wenn sich der Inhalt nicht herauskratzen läßt, halten Sie die Dose über den Ausguß und versuchen Sie es mit dem Dosenöffner auf der anderen Seite. Schreiben Sie dem Hersteller einen *sehr* bösen Brief.

Eisentöpfe und -pfannen

Fettig Einen Haufen Salz hineinkippen und dann Fett und Salz herauswischen, sauber ist die Pfanne.

Rosten In Terpentin einweichen, zwischen 1 Stunde bis zu 3 Tagen, je nachdem, wieviel Rost daran ist. Dann mit Stahlwolle scheuern. Gut spülen und einfetten (wie bei neuen Pfannen).

Emailtöpfe

Schmutzig Kaltes Wasser plus 3 Eßlöffel Salz in den Topf geben und über Nacht stehenlassen, dann kochen, dann saubermachen.

Flaschen

Riechen streng Die Flasche halb voll Wasser füllen. 1 Eßlöffel Senf oder Küchennatron zugeben. Gut schütteln, 1 Stunde stehenlassen, dann gut ausspülen.

Schmutzig Wenn die Flaschenbürste nicht lang oder stark genug ist, die Flasche halb mit Seifenlauge füllen und eine Handvoll erbsengroßer Kiesel hineingeben. Gut schütteln. Die Kiesel fürs nächste Mal aufheben.

Fleischwolf

Verstopft Zerknülltes Wachspapier hineinstopfen und weitermahlen. Das Papier wird das letzte Quentchen Fleisch oder was auch immer durchdrücken.

Schmutzig 1 Stück Brot durchjagen und dann waschen.

Frischhaltefolie

Klebt zusammen Im Kühlschrank aufbewahren, so löst sich die Folie leichter.

Gabeln

Schmutzig Versuchen Sie es mit einer alten Zahnbürste. (Schmutzige Zahnbürste? Versuchen Sie es mit einer Gabel – okay, okay.)

Gefrierschrank siehe Kühlschrank

Geschirr

Haarrisse Den Teller in einen Topf mit Milch geben und 45 Minuten kochen. Der Riß sollte verschwunden sein, wenn nicht, war er wohl größer, als Sie dachten.

Fleckig Über Nacht in Küchennatron einweichen. Dann mit einem mit Essig befeuchteten Tuch abreiben. Sehr effektiv bei Teeflecken.

Glasbackformen

Damit nichts anklebt Hitze um 25 Prozent verringern, die Backzeit dagegen etwas verlängern.

Gläser und Glasgeschirr

Fleckig Wenn es Kaffeeflecken sind, heißen Tee einfüllen, die Tanninsäure sollte die Flecken entfernen.

Gestapelte Gläser kleben zusammen Kaltes Wasser in das obere Glas geben, und das untere in heißes Wasser stellen. Jetzt lösen sie sich voneinander.

Hände

Verbrannt Vanilleextrakt hilft gegen den Schmerz. Ebenso ein kräftiger Schluck Schnaps. Ansonsten: Sofort nach dem Unfall Hände unter kaltes Wasser. Solange darunterlassen, wie Sie es aushalten. Dann gibt es meistens keine Blasen. Vergessen Sie die Brandsalben!

Verfärbt Es gibt 2 Methoden, mit denen man die meisten Obst- und einige Gemüseflecken entfernen kann: 1. Die Hände mit einer rohen ungeschälten Kartoffel abreiben und dann normal waschen. 2. Zitrone soll auch helfen. Die Hände waschen, leicht abtrocknen, ein Streichholz anzünden und mit den Händen den Rauch einfangen. Die Flecken verschwinden wie durch ein Wunder. Zurück bleiben saubere Hände (mit Blasen, wenn Sie die Flamme zu lange in der Hand behalten).

Holzteller oder -schüsseln

Abgenutzt Wenn es den Rettungsversuch wirklich wert ist: gründlich abschmirgeln. Dann eine Mischung aus 1 Eßlöffel Öl und ½ Eßlöffel gemahlenem Bimsstein anfertigen. Das Holz damit einreiben, bis es trocken und glatt ist – etwa ½ Stunde lang. 24 Stunden trocknen lassen, dann den Staub entfernen. Operation, falls nötig, wiederholen. Bei besonders mitgenommenen Sachen kann das bis zu zwölfmal nötig sein. Bitte, nie eine gute Holzschüssel lackieren oder wachsen.

Küche

Riecht streng Ein billiges wunderbares Küchendeo sind Orangenschalen. Sie legen sie bei 180 Grad bei offener Tür in den Backofen. Wenn es gewaltig stinkt, 1 Teelöffel Nelken mit 1 Tasse Wasser und ¼ Tasse Essig kochen. Achtung! Flüssigkeit nicht ganz verdampfen lassen, sonst stinkt es nach verbrannten Nelken, und dagegen wissen auch wir kein Mittel.

Kühlschrank, Gefrierschrank

Riecht streng Ein Päckchen Natron in einen Teller gießen, hineinstellen, am nächsten Tag ist der Geruch verflogen. In den Ausguß gießen, auch da stoppt es die Gerüche.

Messer

Rosten In 1 Zwiebel stecken und ½ Stunde stehenlassen, dann waschen und polieren. Mit ein paar Tropfen Öl einreiben.

Mikrowelle

Riecht streng ½ Zitrone in 4 Stücke schneiden und in eine kleine Schüssel mit 1 Tasse Wasser und ein paar Nelken geben. 5 Minuten kochen lassen.

Omelettepfanne

Klebt Bitte kein Wasser und keine Seife. Ein bißchen Salz hineingeben und mit Küchenkrepp, das Sie mit Öl befeuchtet haben, abreiben. Mit sauberem Küchenkrepp ausreiben. Das ist auch die beste Methode, um einen Wok zu säubern.

Plastik

Fleckig 20 Minuten in 4 Liter Wasser plus 1 Tasse Bleichmittel einweichen. Trockenwischen und normal abwaschen.

Reibeisen

Riecht streng Eine harte Brotkante reiben.

Schere

Stumpf 1 Stück Schmirgelpapier in Streifen schneiden, dann ist sie wieder scharf – und Sie haben einen Vorrat an praktischen Schmirgelpapierstreifen.

Schneidebrett

Riecht streng Mit einer geschnittenen Zitrone gründlich abreiben.

Schraubgläser

Lassen sich nicht öffnen Allen Smith hat der Welt die Technik für das Öffnen aller Schraubdeckelgefäße offenbart. Jetzt verneigen sich täglich Millionen in Richtung Westen, oder wo immer der Mann lebt, und bedanken sich bei ihm, immer wenn sie mit einem störrischen Deckel konfrontiert sind. Die Technik: Schlagen Sie das Glas mit der Deckelseite auf eine harte Oberfläche. Nicht die Kante, die flache Oberfläche des Deckels. Nur einmal, aber fest. Das war es. Wenn man bedenkt, wieviel heißes Wasser wir früher dafür verschwendet haben! Kräftige Menschen drehen das Glas um und versetzen ihm einen ordentlichen Schlag auf die Unterseite. Hilft auch, und das Glas geht nicht zu Bruch, was bei der Methode von Allan Smith durchaus vorkommen kann.

Töpfe und Pfannen

Angebrannt Für Alu, Eisen, Keramik, feuerfestes Glas, Stahltöpfe und Pfannen: Zuerst mit einem Holzlöffel auskratzen, so gut wie möglich. Dann teilweise mit Wasser füllen, 10 Minuten kochen und über Nacht stehenlassen. Am nächsten Morgen das Wasser abgießen. Jetzt können Sie mit einem Scheuerschwamm oder Stahlwolle alles leicht entfernen. Mit Salz kochen geht auch, dann könnten Sie Glück haben, und das verbrannte Zeug flockt schon beim Kochen ab. Bei Alupfannen gibt es folgendes Wundermittel: 1 Zwiebel in der Pfanne kochen, das verbrannte Zeug wird sich ablösen und an die Oberfläche steigen.

Rostig Das funktioniert besonders gut bei Backformen: Mit einem Stück roher Kartoffel, das in Scheuermittel getaucht ist, abreiben.

Schmutzig Einige Arten von Dreck lösen sich am besten in kaltem Wasser, zum Beispiel Eier, Teig, Sauce und Puddings.

Zur deutschen Ausgabe

Die Übersetzerin verabschiedet sich hiermit von Ihnen. Ihr voller Name lautet Dinka Mrkowatschki. Sie lebt in München und kocht, wenn sie nicht gerade übersetzt, für 2 bis 250 Leute und wird gemeinhin nur Dinka genannt. Ihre erstaunliche Kochkunst, ihre noch erstaunlichere Improvisationskunst sind in die Übersetzung und Bearbeitung dieses Buches eingeflossen, die die amerikanischen Autoren, würden sie in Deutschland kochen, mit Gewißheit begrüßen.

Sollten Sie Einwände, Anregungen und weiterführende Vorschläge zu diesem ungewöhnlichen, wenngleich außerordentlich nützlichen Reparaturhandbuch haben, wenden Sie sich an:

Piper Verlag
Serie Piper
Georgenstraße 4
80799 München

Der Verlag